五感を癒やして「本当の自分」を知り　ストレスを「チャンス」に変える

# 気づきの心理療法

## WATCH セラピー

**夜久ルミ子**
薬剤師、マッサージ師、アロマセラピスト

BAB JAPAN

## 幸せはあなたの中にある

　ＳＮＳで、笑顔あふれるあなた！　友だちに囲まれ、盛り上がっているあなた！
「いいね！」といってもらえそうな画像を毎日投稿しているあなた！

　そんなあなたに聞いてもいいですか？

　あなたの悩みやストレスに、親身になって向き合ってくれる人はいますか？
　あなたの悩みをわかってくれ、ピッタリの解決策を教えてくれる人はいますか？
　今のあなたの心は、あなた自身に「いいね！」といっていますか？

　世界のすべての人々に「いいね！」をもらっても、あなたの心が「いいね！」といえないなら、それはあなたにとって、本当に幸せな毎日でしょうか？

「そんなこといわれても、どうやったら幸せな毎日が送れるの？」
「その前に、わたしの悩みなんか、相談できる人はいないよ！」
「わたしの悩みにピッタリの解決策を知る？　そんなもの教えてくれる人なんていないでしょ！」

……そんな声が聞こえてきそうですね。

　でも、大丈夫！　あなたはこの本を取りました。

　この本は、あなたにピッタリの解決策を教えてくれ、あなたが望む幸せな未来を運んでくれます。

　しかし、その方法は、占いでも、天の声を聞くものでもありません。

　脳科学、心理学を使って、あなたの脳から教えてもらうのです。


　あなたの脳には、あなたが歩んできた人生の「体験、記憶、感情」が蓄積されています。ですから、あなたのすべてを知っているのは、家族でも、友人でも、恋人でもありません。

　実はあなた自身の「脳」なのです。

　あなたの「脳」から、「望む幸せ」を引き出すのです。


　出会いは必然です。

　あなたはこの本に出会いました。

　この本を活用して、あなたの心があなた自身に「いいね！」を発信できる毎日をお送りください。

　そして、あなたの「望む幸せ」を、手に入れてください。

第 **1** 章

脳とストレスの関係

## ストレスとは

　あなたの「脳」から、「望む幸せ」を引き出すためには、あなたの「幸せ」を邪魔している障害物を取り除きましょう。あなたの「幸せ」を邪魔している障害物、それが**「ストレス」**です。

　ストレスを取り去り、幸せを引き寄せるために、まずストレスの正体を知ることから始めましょう。

### ストレスを引き起こすもの

　ストレスとは、外部から刺激を受けて体に起こる反応をいいます。そして、ストレスの原因となる刺激をストレッサーと呼びます。たとえば、ボールを指で押すと、へこみますよね。このへこみや、へこみを起こす力がストレスなのです。

　へこんだボールは、時間がたてば普通は元に戻ります。同じように、私たちはストレスを受けても、休めばたいていは、健康な状態に回復します。これは、正常な状態に戻ろうとする体の働きのおかげです。この作用を「ホメオスタシス（生体恒常性）」といいます。ホメオスタシスには、自律神経、ホルモン、免疫の３つが関与しています。

　ところが、強い圧力がかかったり、長い間押しつぶされたりしたボールは、元に戻らなくなります。同じように私たちの体も、ストレスが強すぎたり、長い間ストレスが加わると、ホメオスタシスが働かなくなって元に戻らなくなり、さまざまな症状が心と体に起こってきます。それが、ストレス症候群です。この症状は、自律神経系、ホルモン系、免疫系で現れます。

　ストレッサーには、次のようなものがあります。

①物理的ストレッサー　高音、低音、騒音など
②化学的ストレッサー　栄養不足、ダイオキシンなど
③生理学的ストレッサー　病原菌など
④精神的ストレッサー　人間関係、地位、給与、精神的苦痛など

　このような**ストレッサーで、特に精神的なものは現代病の引き金**といわれています。本書では、ストレスの原因ストレッサーも含め、広義の意味でストレスと呼ぶことにします。

## ストレス

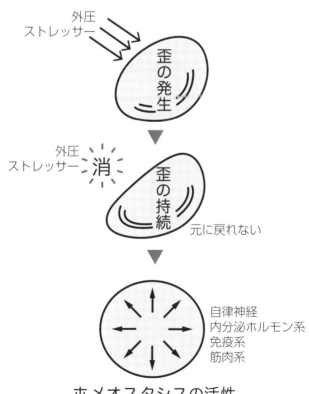

外圧
ストレッサー

歪の発生

外圧
ストレッサー　消

歪の持続

元に戻れない

自律神経
内分泌ホルモン系
免疫系
筋肉系

## ホメオスタシスの活性

# 人が陥りやすいストレスの原因

　人間が特に陥りやすいストレスの原因には、以下のようなものがあります。

・人間関係や社会でのトラブルやプレッシャー
・親しい人の死去
・自分や家族の病気やケガ
・自分や家族の解雇、失業、退職
・経済状態の大きな変化
・自分や家族の結婚、離婚
・家族が増える
・職場での地位、環境、仕事内容の変化
・自分や家族の入学、転校、卒業、受験など
・引越、新改築など住環境の変化
・移住、災害、戦争など社会環境の変化
・日常生活習慣の変化
・妊娠、出産、子育て
・長期休暇や学業の休止、留学
・大きな成功や賞賛
・大きな失敗や叱責

# ストレスリスト100

人には最低でも100のストレスがあるといわれています。人がストレスと感じやすいものを100あげました。あなたは、何個あてはまりますか?

## あなたが感じているストレスは?

1. 最近身体が重い。気力がなく、すぐ疲れてしまう。やる気が起きない。
2. 皆が自分をきちんと評価してくれない。馬鹿にされている気がする。
3. 自分の生活より、相手のことを考えているのに、報われない。
4. 自分は正しいと思う。どうしても人の忠告を素直に受け取れない。
5. 冷静な態度がとれない。つい感情的になってしまう。
6. 今の状態に満足できない。どうして皆は満足しているのだろう。
7. 将来のことを考えると不安になる。
8. 最近、何事にも自信がなくなった。何もする気になれない。
9. まわりを引っ張っていく自信がない。自分だけが一人でがんばっている気がする。
10. 自分が動かないと何も始まらない!　疲れる。
11. どうしても他人の意見が気になってしまう。
12. 自分は全く悪くないのに、私のせいにされた。
13. 相手のためにやっているのに、「ウザイ」といわれた。
14. 相手のために無理をしていい顔をしている。
15. 何だか重宝に使われている気がする。
16. お金の心配事やトラブルがある。
17. 友人だと思っていた人から、中傷された。
18. 嫌われるのが怖くて、いやなことでも頼まれたら断れない。
19. 私を外して、ラライングループが作られていた。

20. 電車の中で、急に大声でどなられた。

21. 私を温かく包んでくれる人がほしい。

22. 見た目がひどい、落ち込んでいるなど、どんな状況でも、すべて受け止めてくれる人がほしい。

23. 最近老けた。鏡を見るのが嫌になる。

24. 愛を与えるだけで、自分には全く返ってこない。

25. 一生懸命やっても、相手に感謝されない。

26. どうしてわたしだけ目立ってしまうの？　注意されるのはいつも私。

27. もし、結婚できなかったらどうしよう。

28. 誰かと一緒に、心温まる食事がしたい。

29. 昔は「かわいい」といわれていたのに、今は誰もいってくれない。

30. 彼のいる人がうらやましくてしょうがない。

31. いろいろな分野に手を広げて、収拾がつかなくなっている。

32. 自分のキャパを越えてしまった。いっそ、すべてなかったことにできればいいのに。

33. 何でもできてしまう。それで、重宝に使われている。

34. アイドルのように、多くの分野の人々から注目され、支持されたい。

35. 変化のない生活で、何を楽しみにしたらいいのかわからない。

36. 自分の可能性を見つけられない。自分に自信がない。

37. 周囲の人々が自分よりつまらない人間に見えてしまう。

38. 何をやっても中途半端で、ものにならない。

39. 将来が全く見えない。

40. 計画が全く進んでいない。

41. 試験が受かるか心配。

42. 掃除をしても、家族がすぐに散らかして片づけない。

43. 家の整理整頓ができていない。

44. （人事、配属など）人の整理整頓ができていない。

45. 優雅、貴族的とは無縁の日々。日常生活に押しつぶされそう。

46. 事務的、機械的にやらなければならないことが山積み。

47. 好きなことをやっていたいのに、先のことが心配でできない。

48. 完璧にやりたいのに、「そこまでしなくても」といわれる。

49. コツコツやってきたキャリアが、何の役にも立たなくなった。

50. いつの間にか窓際に追いやられた。

51. 新しいことにチャレンジしようとしている。どうなるか不安。

52. 幸せになろうと新しくスタートしたが、経済的に不安。

53. 物事を始めると必ず邪魔が入る。チャンスをつかめない。

54. 若い頃のように、日常にワクワク感がない。

55. どうしても、一つの分野に絞れない。

56. 皆が知っている情報を、わたしだけが知らなかった。

57. 失敗したら！と思うと、なかなか第一歩が踏み出せない。

58. 会社の上司が、ささいなことで文句をいう。

59. ネットで悪口をいわれているよ！と教えてもらうまで、気づかずに
    友人だと思っていた。

60. ずいぶん前から楽しみにしていた友人との食事会が中止になった。

61. 精神的に落ち込んでいて、何もする気が起きない。

62. 身近な人たち（親戚、両親、兄弟、恋人など）とのトラブルがある。

63. 問題が山積み。解決の糸口も見えない。

64. ねたみ、嫉妬、裏切りなどの中でどうしていいかわからない。

65. 忙しすぎて、ゆったりとした時間が持てない。

66. 甘えたいのに、甘える場所や人がいない。

67. 相談相手がいない。誰にも本当のことを話せない。

68. 将来のために始めたけど、続けてやっていけるかが不安。

69. 自分から困難を背負い込んでしまい、身動きがとれなくなった。

70. 自分の考えや生き方を通すことができない。

71. 周囲に左右されて自分らしくいられない。

72. 先が見えず、計画が立てられない。

73. 母親、父親のことで悩んでいる。

74. 自分が母親らしくいられていないのでは、と悩んでいる。

75. 子どもがほしい。

76. 周囲となじめない。自分だけが浮いている気がする。

77. オンリーワンになりたい。

78. うまく人を導けない。指導できない。

79. 自分1人でまわりの人たちとの調和を保つことに疲れた。

80. 感性、思いつき、好きなだけで動いてしまう。

81. 占いなどで、重要な物事を決めてしまう。本当にいいのかな。

82. 計画性がない。感性だけを頼りに行動している。

83. 人生計画を考えるだけで、頭が痛い。

84. 数字を頭に入れて行動できない。

85. 五感が喜ぶ生活をしたいのに、できない。

86. 癒やされる言葉を、最近全く聞いていない。

87. このまま、年をとって若さがなくなったらどうしよう。

88. 心身の触れ合いがほしい。

89. 自分を犠牲にして人のために尽くしているが、皆があたりまえだと思っている。

90. 自分の今までの人生を完全に否定された。

91. 自分が信じていたものがすべて崩れ去った。どうしていいかわからない。

92. 死の恐怖。

93. 私だけの力ではどうしようもないことが起こっている。

94. 表面的な友人しかいない。まず、友だちの作り方がわからない。

95. 計画を立てて人生を送ってきたのに、人生100年時代で、自分の先ゆきが不安。

96. 同じことをコツコツやってきたのに、その場限りの人が評価されている。

97. 計画を立てて仕事をしてきたのに、一瞬ですべてなかったことになった。

98. 「宇宙、神、天の声」などの話をしたら、皆から不思議がられた。

99. 友人間や職場でいやなことがある。

100. 自分が「これはよい」と始めたことが、うまくいっていない。


　いかがでしょう。何か一つは思いあたるものがあるのではないでしょうか。つまり、人は生活すべてがストレスの原因になるということです。

# ストレスの種類

ストレスには、体や心に悪い影響を与える「ディストレス」と、よい影響を与える「ユーストレス」があります。ディストレスが増すと、自律神経、ホルモン系、免疫系のバランスが崩れるストレス症候群を引き起こす可能性があります。心身面や行動面に現れるストレスサインを見逃さないようにしましょう。

## 「ディストレス」はストレス症候群の引き金

　ストレスは一般的に悪者扱いされていますが、実はストレスには身体や心に悪い影響を与える「ディストレス」と、よい影響を与える「ユーストレス」があります。ディストレスは欲求が満たされないと起こります。

　わたしたちには、食欲、性欲、睡眠欲、集団欲の四大欲求があります。その中で、人間は集団欲が満たされないと、ストレスが強くなるといわれています。集団欲は、SNSなどでつながることで一見満たされているように思えます。しかし、身近で本当の自分を知ってくれて、包み込んで悩みを聞いてくれる人、このような人が減っているように思うのです。この現象が、集団欲が満たされない原因をつくっている気がします。
　集団欲が満たされないと、「精神的ストレス」が増してきます。精神的ストレスに、病気（生理学的）や騒音（物理的）、環境（科学的）のストレスが複合的に絡み合うと、ストレス症候群が発症します。
　ストレス症候群は、自律神経系、ホルモン系、免疫系の３つからなる「ホメオスタシス」が、バランスを崩してしまう病気です。自律神経系、ホルモン系、免疫系が複雑に作用して、精神面、身体面、行動面に次のような症状が現れます。特に、行動面においては、精神面、身体面よりも、ストレスの原因がわかりにくい面があります。

## ① 精神面

・気力が湧かない　・落ち着きがなくなる　・頭が真っ白になる　・考えがまとまらない　・眠れない　・人に会うのがおっくう　・物忘れをしやすくなる　・わけもなく涙が出てくる　・音にひどく敏感になる

次のような症状も、ストレス症候群の場合があります。
・イライラしやすい　・焦りに襲われる　・落ち着かない気分になる　・怒りっぽくなる　・叫び出したくなる　・気分が滅入る　・いろいろなことが重荷になる　・外出するとき気が重い　・記憶力が減退したような感じになる　・問題や重荷が次々と襲ってくるような気分になる　・どこか遠いところへ行ってしまいたい　・霊などの不可解な幻覚をみる　　など

## ② 身体面（不定愁訴、心身症）

　身体面では、病気の手前、未病といわれる身体の不調や、不定愁訴といわれる症状があります。また、精神的ストレスが身体に病気と同じ症状を起こす「心身症」があります。心身症は、ストレスだけが原因ではありませんが、ストレスが大きく関与しているといわれています。

## ＜不定愁訴＞

・倦怠感　・動悸　・便秘　・腰痛　・片頭痛　・皮膚のかゆみ　・めまい　・肩こり

## ＜心身症＞

・円形脱毛症　・メニエール症候群　・過喚起症候群　・慢性疲労症候群　・顎関節症（がくかんせつしょう）　・過敏性腸症候群　・微熱　・突発性難聴　・一部の不整脈　・逆流性食道炎　・肌荒れ　・イボ　・魚の目　・ガングリオン　・痔　・歯茎の腫れ　・歯槽膿漏　・口内炎　・ヘルペス　・帯状疱疹　・脂肪肝　・高血糖症　・糖尿病　・（本態性）高血圧症　・甲状腺の異常　・リューマチ　・若年性心筋梗塞　・胃潰瘍　・十二指腸潰瘍　・潰瘍性大腸炎　・レイノー病　・悪性腫瘍　・生理不順　・月経前症候群　・月経困難症　・子宮筋腫　　など

③ 行動面

・ギャンブルにのめり込む　・過度な飲酒行動　・どなり散らす　・叫び出したくなる　・過食、嘔吐を繰り返す　・ミスが多くなる　・カフェインに依存する　・無理なダイエットを繰り返す　・衝動的な暴力行為　・衝動買いを繰り返す　・リストカット　・電話をかけまくる

　その他、怒りの爆発、けんかなどの攻撃的行動、過激な行動（泣く、引きこもり、孤立、拒食・過食、幼児返り、チック、吃音など）、ストレス場面からの回避行動などが見られます。

## ストレスサインを見逃さない

　病気が発症する前に、わたしたちには「ストレスサイン」が起こります。この「ストレスサイン」を見逃さずに早い対処をすることが大切です。「ストレスサイン」には、精神面、身体面、行動面のそれぞれにあり、ストレス症候群の軽い状態が起こります。

① 精神面

・怒りっぽくなる。イライラする。不安が強くなる。涙もろくなる
・睡眠状況が変化する（入眠困難、早朝覚醒、ひんぱんな中途覚醒など）
・興奮しやすく、自分らしくないはしゃぎ方をする
・味覚や嗜好が急に変化する
・強迫観念、過度の心配性になる（家の鍵をかけたか、目覚ましを入れたかひんぱんに確認するなど）
・楽しさ、うれしさを感じにくくなる。笑わなくなる
・仕事も遊びもやる気や興味が低下する（今まで楽しかった趣味やテレビがつまらないなど）
・自信がなくなり、被害的になる（まわりの人が自分を非難しているように感じるなど）

## ② 身体面

・筋肉の緊張が強くなる(肩こり、腰痛、頭痛、眼周辺の筋肉の痙攣<sub>けいれん</sub>など)

・消化器系の症状が出る（下痢、便秘、胃もたれ、胃痛、食欲不振、食欲過剰、体重が急激に増減するなど）

・性欲の減退

・発汗量が異常に増加する

・異常に口が乾く

・めまい、耳鳴りがする

・原因不明の頻尿がある

## ③行動面

・他人に敵意を感じやすく、批判的になり、言葉がきつくなる

・他人に嫌悪感や恐怖感を抱く。会うのがめんどうになる

・落ちつきがなくなる

・作業・仕事の能率が落ちる

・嗜好品摂取が非常に増加する（酒、たばこ、コーヒーなど）

　人それぞれストレスサインの現れ方は異なります。そして、その人固有の「マイストレスサイン」があるのです。あなたのストレスサインは何でしょうか？　自分の「マイストレスサイン」を把握しておくと、ストレスが生じた際に早期に気づくことができ、ストレス症候群を引き起こす前に、予防策が立てられます。

## ディストレスが身体に与える反応「キャノンの緊急反応説」

　「ストレス」という言葉を医学分野で最初に用いたのは アメリカのウォルター・キャノンです。

　キャノンは、ネコの近くでイヌを吠えさせると、ネコは毛を逆立てて激しく興奮し、その身体にはいろいろな変化が起こることを観察しました。そして、ネコの血液中から「アドレナリン」という化学物質を多量に検出したのです。緊急時に起こる身体の反応ということで、「キャノ

ンの緊急反応説」と呼ばれるものです。

　キャノンは、イヌに吠えられたときにネコの体に起きる一連の変化が、すべて「危機を乗りきる」という１つの目的のために起こっているものだと考えました。

　ストレスは恐怖の対象に対して、戦うか逃げるかの本能的な反応です。これは、ネコに限ったことではなく、人間にも同様の反応が起きます。次ページに、「キャノンの緊急反応説」でとったネコの反応が、人間であった場合を示しましたので、ご覧ください。

　このストレス反応があることで、人類は過酷な生存競争を生き延びて来たのです。ですから、ストレスは決して悪いものではありません。

　でも、現代の私たちには、目の前に凶暴な敵が現れ戦うことは、ほとんどありませんよね。それでも、わたしたちは多くのストレスを抱えています。それはなぜなのでしょう。

## ストレスで起こる身体の変化

| ネコの身体の変化 | 人間に置き換えると…… | 作用 |
|---|---|---|
| 瞳孔が大きく開く | 眼が点になる<br>眼が乾く　目が疲れる | 目前の敵（イヌ）を<br>よく見るための作用 |
| 呼吸と脈拍が増える | 心臓がドキドキする<br>息が荒くなる | 酸素を身体の中に<br>取り入れ、心臓を<br>強く動かすための作用 |
| 血圧の上昇 | ストレスが続くと<br>高血圧に | 目の前に迫った<br>危機に対応して<br>脳や筋肉に<br>栄養と酸素を<br>送り込むための作用 |
| ブドウ糖や赤血球の<br>量が増える | 甘いものがほしくなる<br>糖尿病のリスクが高まる | |
| 筋肉に流れる<br>血管が広がる | 暑くなる<br>汗をかく | |
| 胃腸の運動が低下<br>唾液や胃液の分泌の<br>減少 | 食欲が減退する<br>口が乾く | 食べ物の消化を<br>抑えるための作用<br>（敵と戦うという緊急の<br>局面でのんびりと<br>食べ物の消化、吸収を<br>していたのでは自分の<br>命に関わるから） |

# 現代社会のストレス

　人類が過酷な生存競争を生き延びるために必要な反応としてストレスが起こります。このように環境の影響や恐怖など、生存競争を生き延びるためのストレスを、「身体的ストレス」と呼びます。

　しかし、現代社会のストレスは「精神的ストレス」によるものがほとんどです。精神的ストレスは、**自分自身が満足できないことが原因で起こります。**

## ストレスは、自分の心が満足するまで消えない

　満足できないことに遭遇すると、脳は恐怖に出会ったときと同じように、それを戦って勝ち取るべきか、そこから逃げ去るべきかという身体的なストレス反応を起こします。「満足できない」と、「恐怖に出会った」は、脳の中では同じ反応になるのです。しかし、精神的ストレスでは、脳が用意した、身体的なストレス反応エネルギーは使われることなく、閉じ込められてしまうのです。

　たとえば、上司に怒られたからといって、その場から逃げたり、上司に文句をいって戦ったりすることはできません。ここで、逃げたり、戦ったりしてストレスエネルギーを開放すれば、ストレスは危険な問題にはなりません。しかしそれをすれば、社会的な制裁が待っています。ですから、「我慢する」ことになります。すると、ストレスエネルギーは放出されず、脳の無意識層に閉じ込められます。

　そして、脳に閉じ込めたストレスエネルギーは、いつでも外に出る機会を狙うようになります。ストレスエネルギーを放出することが、生命を安定に維持することになるからです。

　ストレスエネルギーが蓄積し、脳が自分の容量を超えたギリギリの状

態になったとき、ストレスサインが現れます。

　脳が無意識層に閉じ込めたストレスエネルギーは、外からは見えません。また、自分でも意識することはありません。しかし、脳に「無意識の緊張」として閉じ込められているのです。

　問題なのは、**「意識していないからといって、ストレスがなくなっているわけではない」**ということです。

　ですから、緊張の原因となったストレスに出会うと湧き出してきます。

　たとえば、上司の声を聞いただけで、あるいは場面を想像しただけで、胸が苦しくなり、身体がこわばってしまうのです。これがストレスサインです。そんなストレスサインをそのままにして、感情を押し殺して生活していると、ストレス症候群が発症します。

　無意識層の中に閉じ込められたストレスエネルギーは、それが開放されるまで、時間の経過とは無関係に保存され続けるのです。


　では、無意識層に保存され続けている精神的ストレスのエネルギーを開放する方法はあるのでしょうか？

　身体的ストレスなら、戦うことでほぼ解消されます。

　しかし、精神的ストレスは、身体だけでなく、心理面、行動面にまで影響を与えるので、その解消は複雑になります。精神的ストレスが、身体だけでなく、心理面、行動面にまで影響を与える理由は、精神的ストレスで脳内に放出されるノルアドレナリンが原因なのです。

　脳内で作られたノルアドレナリンは、最初に視床下部に影響を与えます。視床下部は、ホメオスタシスを司（つかさど）るところです。ホメオスタシスは、「生体の恒常性」と訳されます。ホメオシタシスは、自律神経、ホルモン、免疫によって構成されています。ですから、ストレスが起こると、この３つの部分に不具合が起こります。


## 1. 自律神経

　交感神経が優位になり、副腎髄質からアドレナリンが放出されます。

　心臓がドキドキし、いつも戦いモードになります。

## 2. ホルモン

イライラを抑えようと、副腎皮質から抗ストレスホルモンのコルチゾールが分泌されます。

## 3. 免疫

免疫細胞が減っていきます。病気にかかりやすくなります。

# 精神的ストレスを最小限にするには
# 視床下部でブロックする

　精神的ストレスは、視床下部を経由してホルモン、自律神経、免疫系に影響を与えます。これが次ページの図のうち、線で囲んだⒶの部分の反応です。

　精神的ストレスを取り除くには、**視床下部から下垂体、交感神経、免疫に反応が及ばないうちに、ストレスをケアすればよいことになります。**

　それが、「視床下部」「視床」と「大脳辺縁系」へのアプローチです。

　それぞれのストレスケアのしくみとストレスケアの方法は、のちほど詳しくお知らせします。

　私たちは精神的ストレスを受けたとき、脳を直接開いてストレス反応を止めることはできません。しかし、視床、大脳辺縁系に関与する五感や副交感神経に働きかければ、間接的に鎮めることができるのです。

　視床下部を鎮めることができれば、身体に起こるさまざまな症状を脳内の段階で、ブロックすることができます。

## 精神的ストレスと脳、身体の関係図

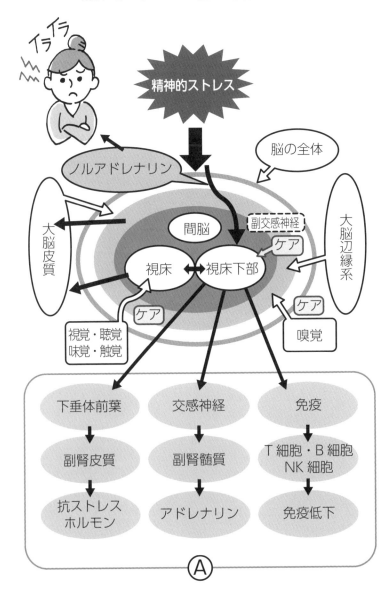

# ストレスの生体反応を段階別に説明したハンス・セリエ

　前ページの図の、四角で囲んだストレスの反応が、身体の中でどのようにして起こるかを段階別に説明したのが、ハンス・セリエです。ハンス・セリエはカナダの生理学者です。

　ハンス・セリエは、「ストレスには悪いストレスであるディストレスと、よいストレスであるユーストレスがある」と唱えた人です。

　セリエはストレスによる生体反応を「全身適応症候群」と呼び、ストレスによる身体の反応を段階別に説明しました。

　ストレスを受けると、生体はストレスに適応するために３つの段階をたどります。第１段階が警告反応期、第２段階が抵抗期、第３段階が疲憊期です。

## セリエの全身適応症候群

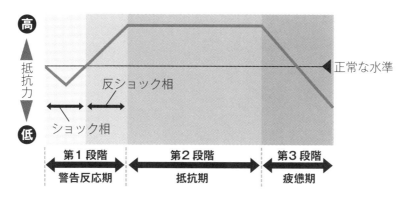

### 第一段階　警告反応期

　ストレスを受けた直後に起こる**ショック相**と、ストレスに対する生体防衛反応が現れる**反ショック相**が相次いで起こります。

①ショック相

　ストレスを受けた直後で、刺激に対応する準備ができていない状態。抵抗力が低下する時期。心拍数、血圧、体温、血糖値が低下して、筋肉も弛緩します。それだけでなく、胃腸の働きも低下し、胃や、十二指腸など消化器がただれます（通常、数時間～４８時間続く）。

②反ショック相

　副腎皮質が肥大します（抗ストレスホルモンの放出）。ストレスに対して防衛反応が整い、抗ストレスホルモンである副腎皮質ホルモンの分泌が増加します。そして、アドレナリンが心拍数、血圧、体温、血糖値を上昇させます。また、筋肉の緊張も起こります。受けたストレス以外の刺激に対しても抵抗力が増加する時期です。

第２段階　抵抗期

　反ショック相よりさらに、副腎皮質の肥大（抗ストレスホルモンの放出増加）が起こります。副腎皮質ホルモンの分泌が盛んになり、警告反応期よりも抵抗力が増大します。また、受けたストレスのみに抵抗し、それ以外のストレスに対しては抵抗力が低下します。ストレスと均衡がとれ、比較的安定している時期です。しかし、長期のストレスにさらされ、抗ストレスホルモンが枯渇すると、疲憊期へと移行します（通常１～３か月続く）。

第３段階　疲憊期

　副腎皮質が働かなくなります（抗ストレスホルモンが枯渇）。ストレスの影響が長く続いたり、強すぎたりすると、抵抗する力が失われ、ストレスに反応ができなくなってしまう時期です。心拍数、血圧、体温、血糖値の低下、生体機能の低下が起こります。放っておくと死に至ることも起こります。

## ストレスを人生のスパイスにして、よりよく生きる

　ディストレスとユーストレスを説いたハンス・セリエは、ストレスに適応するために３つの段階があるとしました。この「全身適応症候群」は、最悪死に至ることもあります。ストレスがどのように身体に影響するのか、Ｃ子さんのストーリーを例に解説します。

## Ｃ子さんがディストレスから最高の人生をつかんだ話

　ハンス・セリエは、ストレスの段階を提示したうえで、「ストレスは人生のスパイス」ともいいました。ストレスというスパイスがあるから、私たちの人生は楽しく有意義なものになるということです。

　人がディストレスで疲憊期に陥り、最終的に無気力になったり、最悪死を迎えるなんて、絶対にあってはならないことです。

　ここで、ディストレスを乗り越え、ユーストレスに変化させたＣ子さんの逆転人生のお話をしたいと思います。

　Ｃ子さんは出版社にお勤めの28歳のＯＬです。Ｃ子さんには３年間つき合っている彼がいます。そして、半年前彼からプロポーズされました。そのときは天にも昇る気持ちでした。

　彼の名前はＡ君。皆がうらやむイケメンです。Ｃ子さんは両親にも報告。両親も喜んでくれました。もちろん、友人にもＡ君を紹介。親友のＤ子もとても喜んでくれたのです。

　Ｃ子さんとＡ君はお休みの日には式場をまわって、どんな式にするか、どんな引き出物にするかなど、忙しいけれど、幸せな日々を送っていました。「ウエディングドレスはどうする？」などと夢は膨らむばかりだったのです。

　そんなある日……。

● 第一のショック（警告反応期；ショック相）

　いつものようにＡ君と、表参道のカフェで待ち合わせしたときです。彼から突然「別れよう！」といわれたのです。Ｃ子さんは何が何だかわかりません。

　理由を聞いても、「一緒に暮らす自信がなくなった」というだけ。そして、その日以来、Ａ君からの連絡が全く途絶えてしまったのです。

　人は急激にストレスにさらされると、神経系とホルモン系が衝撃をまともに受けてしまいます。そして、何も考えられない状態になります。警告反応期（25 ページ）のショック相です。

　心拍数、血圧、体温、血糖値が低下して、筋肉も弛緩します。それだけでなく、胃腸の働きが低下し、食べる元気もなくなります。また、胃や、十二指腸など消化器がただれ、急性の胃潰瘍の状態になります。

　Ｃ子さんも同じ状態になりました。何も考えられず、会社に行く気力も、食べる気力もなくなりました。そして、死人のようにベッドから起き上がれない日が２日続きました。

　立とうとしてもまともに立てず、なぜ生きているのかすら、わからない状態でした。何か食べなくてはと思うのですが、食べると胃がキリキリ痛むので、温かいスープや水を飲んで過ごしたのです。

● 身体が立ち直りを助けてくれる（警告反応期；反ショック相）

　どうしていいかわからず、無気力になっていたＣ子さん。しかし、Ｃ子さんの身体の中では、ショックから立ち直るための変化が起こっていました。

　それが、反ショック相の状態です。Ｃ子さんの身体の中では、ストレスによるショックから立ち直ろうと、ショック相とは反対の反応が起こります。

　ショックに対して防衛反応が整い、抗ストレスホルモンである副腎皮質ホルモン（コルチゾール）の分泌が増加します。そして、「落ち込んでいないで前に進むんだ！」と、身体が、心拍数、血圧、体温、血糖値

を上昇させます。また、気力を高めるように筋肉の緊張が起こります。「しっかり立つんだ！」と応援してくれるのです。

　このC子さんの反ショック相の状態は、C子さんがショック相で落ち込んだ心の空洞がケアされるまで続きます。この間は、抗ストレスホルモンが立ち直りを助けてくれるのです。

　抗ストレスホルモンは、受けたストレス以外の刺激に対しても抵抗力が増すように、身体をパワーアップしてくれます。身体ってすごいですよね！

　C子さんの場合も、３日目からなんとかベッドから起き上がれるようになりました。軽い食事もできるようになったのです。朝の太陽の光がC子さんに「がんばれ！」といってくれているようでした。

　C子さんは新婚旅行のために貯めていた有給を使って、会社を１週間休みました。そして、なんとか会社に復帰することができました。もちろん会社にも事情を話しました。同僚も心配してくれました。

　しかし、周囲の人々に優しくされても、C子さんの心の空洞は埋められませんでした。C子さんは、その心の空洞を埋めるために、新婚旅行のために蓄えていたお金で、シャネルのバックを買いました。友人を誘ってディズニーランドに行きました。さびしいので、毎日友人と飲み歩きました。カラオケでバカ騒ぎもしました。

　汗をかいたら気持ちが前向きになるのではと思い、ホットヨガも始めました。そんなわけで、C子さんの日常は以前より忙しくなりました。

　そんなC子さんの日常を見ていたある友人の一言が、C子さんの心に刺さりました。

　「心配していたけど、C子！　意外と元気じゃん！　楽しそうだね！」という言葉です。

　皆さんならおわかりですよね！　C子さんは彼から受けたショックの心の空洞を埋めるために、毎日必死になっているだけなのです。決して元気ではないのです。楽しいわけでもありません。ショックが大きければ大きいほど、心の空洞を埋めるのに時間がかかります。

　このC子さんの状態が反ショック相の状態です。この反ショック相の状態は、C子さんがショック相で落ち込んだ心の空洞がケアされるまで続きました。

　ショックの影響がいつまで続くのか、それはショックの深さや、周囲の人たちのサポートによって違います。しかし、どんな人にも共通なのは、Aのショック相の三角形の面積と同じBの面積の状態を越えなければ、反ショック相から抜け出すことができないということです。

　皆さん、お気づきでしょうか。C子さんは、33ページの図の、反ショック相で最初の①の状態に戻った（③の状態になった）からといって、ショックから立ち直っていないということなのです。

　最初の状態（①の状態）に戻ったということは、単にストレスがケアされたということなのです。①の状態を突き抜けなければ、人は精神的ストレスを乗り越えることができないのです。

　そして、精神的ストレスを乗り越えて前に進むためには、③を突き抜け、それ以上に前向きなパワー状態（④）が必要ということです。

　C子さんも④の状態になり、心の傷がやっとプラスの状態になって、ショック相を抜け出すことができたのです。

　がんばってバカ騒ぎをして、ストレスを乗り越えようとしているC子さんに対して、「心配していたけど、C子！　意外と元気じゃん！　楽しそうだね！」などという言葉はかけないでください。

　あなたのまわりにも、C子さんがいたら、黙って抱きしめてあげてください。

## なんとかストレスを乗り越える（抵抗期）

　この時期は、抗ストレスホルモンである、副腎皮質ホルモンの分泌が反ショック相より盛んになります。そして、警告反応期の反ショック相よりも抵抗力が増します。……やったね！　C子さん！　強くなったね！

　そして、ショックを受けたストレス（彼との突然の別れ）に対してだ

けストレスホルモンが働き、心も安定していく時期です。

　C子さんの場合は抵抗期に入るのに3か月かかりました。友人との飲み会はなくなり、週1回のホットヨガスタジオに通いながら、朝日を浴びて瞑想する、という日常になりました。

　仕事も忙しく、締め切りにも追われて、それなりに充実した日々でした。もちろん、彼と別れた表参道のカフェの前を通ったり、結婚式場の前を通るとき、胸が痛みました。しかし、前のようにその気持ちを引きずることはなくなりました。

　そして、33ページの図中の抵抗期に入っていたC子さんに、親友だと思っていたD子から結婚画像が送られてきたのです。D子の横には一方的に別れを告げたA君が写っていたのです。

　そのとき、C子さんは第2のショックを受けます（33ページの図中⑤）。しかし、そのショックだけでは、人は「死」に直結したストレスにはなりません。それは、反ショック相での抗ストレスホルモンの応援を受け、C子さんは①の状態よりパワーアップし、ストレスに強くなっている⑥にいるからです。ありがとう副腎皮質ホルモン！

　2人の結婚画像を見たとき、C子さんはやっとA君の突然で一方的な別れの原因を知ったのです。もちろんショックでした。しかし、最初のショックにくらべれば、耐えられるものでした。

## 第3のショック、それはとるに足らないこと（疲憊期）

　しかし、第1、第2の2つのショックから、まだ日が経っていないときに、第3のショックがC子さんに起こると、C子さんには疲憊期が訪れます。

　この第3のショックは、今までの第1、第2のショックとは直接関係のないショックです。たとえば、車をぶつけてしまった。気に入っているお財布をなくした。仕事でミスをしてしまった、などです。

　C子さんが、抵抗期をギリギリの精神状態で耐えていたとしたら……つまり、身体の立ち直りを応援していた副腎皮質ホルモンが枯渇寸前だったら……。第3のショックを受けたときに、C子さんの副腎皮質ホルモンが限界を越え、第3のショックに適応することができなくなり、体も心も崩壊してしまうのです。

　この時期を疲憊期といいます。この時期は、ショック相と同じような症状が起こります。
　体温は低下し、体重が減少し、胸腺やリンパ腺の萎縮で抵抗力がなくなります。また、副腎皮質の働きも低下しているので、風邪をひきやすくなり、小さなことで落ち込みやすくなります。生きる気力もなくなってしまいます。そして、最悪の場合「死」に至ることもあるのです。

## 「気づく」ことで幸せな人生をつかむ

「ストレスは人生のスパイス」といったハンス・セリエの「全身適応症候群」は、逆に「もっと幸せになる」方法も教えてくれます。それが次ページの図中⑥の状態を持続させる「人間力アップ」法です。

　C子さんは、D子とA君の結婚画像を見たとき、確かにショックを受けました。しかし、同時に「人の心を踏みにじっても平気な誠意のない人たち」とも思ったのです。
「元カレはこんなに誠意のない人間だったんだ！」「私はなんでこんな人を好きだと思い込んでいたんだろう！」「ああ、結婚しないでよかった！」と思ったのです。

「私はD子やA君のような人間になりたくない！」「私は関わる人たちに誠意を持って接しよう！」と**「気づいた」**のです。
　C子さんは第2のショックから「気づき」を得たのです。そして、⑥のステージを維持します。つまり、「以前の①のステージに比べ、人間力がアップした人」になったのです。

第2のショックで気づきを得たC子さんは、外見ではなく「誠意を持っている人」という基準でおつき合いの相手を選ぶようになりました。……**気づきを行動に移したのです。**

そして、C子さんは誠実なY君に出会い、結婚しました。「あのとき、A君と結婚しなくて本当によかった」と話しています。

**「気づいたとき」から、全く新しい世界が始まります。**

私はストレスで押しつぶされそうになっている、すべてのC子さんたちにいいたいのです。
**「あなたにはストレスがあるから、もっと幸せになれる!!」と。**

## ハンス・セリエの全身適応症候群をC子さんに当てはめると……

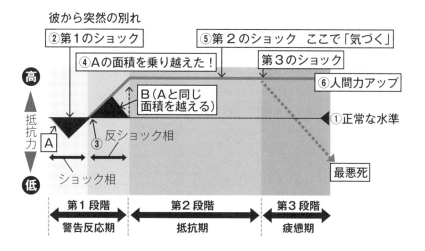

# C 子さんの幸せストーリーのまとめ （番号は 33 ページの図参照）

## ①彼からのプロポーズ

　式場めぐりやウエディングドレス選びで、幸せの絶頂期。

## ②第1のショック（彼からの突然の別れ）

警告反応期：ショック相（2日間寝込む）

　心拍数、血圧、体温、血糖値の低下。筋肉の弛緩。胃腸の働きの低下。胃、十二指腸など消化器の急性の潰瘍

## ③立ち直りに3か月かかる

警告反応期：反ショック相

　ショックに対して防衛反応が整う。抗ストレスホルモンである、副腎皮質ホルモンの分泌が増加。心拍数、血圧、体温、血糖値の上昇。筋肉の緊張。すべての機能が、ショック相の状態を越えるように働く。

　C 子さんは、会社を1週間休み、気力を取り戻す。ショックから立ち直るために、お金を使って高級バックを買い、ディズニーランドやカラオケに行き、友人と飲み歩く。バカ騒ぎをする。

## ④ショック相を乗り越える （33ページのBの面積がAの面積を超える）

### 抵抗期

　副腎皮質ホルモン分泌がアップ。反ショック相よりも抵抗力が増す。ショックを受けたストレス（彼との突然の別れ）に対してだけストレスホルモンが働く。心の安定が得られてくる。C子さんは、ホットヨガや瞑想で心を穏やかに保つ。以前ほど、元カレのことで落ち込まなくなっている。

## ⑤第2のショック （親友Dと元カレAの結婚）

### 気づきを得る

　Aと結婚しないでよかった。私はAの内面を全く見ていなかった。

　DもAも私に「内面を見る人を選ぶ」ことの大切さを教えてくれた。

　これから私は、「内面を大切」にして人と接していこう。

## ⑥人間力がパワーアップ

### 行動する

　ストレスから新たなチャンスをつかむ。内面で選んだY君と結婚！　Y君は本当に素晴らしい人で、私をとても大切にしてくれる。最高の幸せをY君と過ごしている。人にも優しくなったといわれる。

## さらなるステップ

　ヨガインストラクターに挑戦。

## 「ディストレス」を「ユーストレス」に変化させるには

「人には 100 のストレスがある」とお話ししたように（11 ページ）、ストレスは誰にでも起こります。そのストレスから気づき、ストレスを「自分をパワーアップするチャンス」ととらえると、ディストレスはユーストレスに変化します。

「ディストレス」とは、ストレスによって、ホメオスタシスが乱れ、最悪、疲憊期から死に至るストレスです。「ユーストレス」とは、ストレスによって自分がパワーアップし、幸せな未来をつかみ取れるストレスです。

　ストレスを受けることで起こる体の 3 つの反応を下にまとめました。

　C子さんのように、ストレスを前向きにとらえ、ディストレスをユーストレスに変えていけば、ストレスによって、パワーアップした逆転人生が送れるのです。

**ストレスを受け続けることで起こる体の 3 つの反応**
## 内分泌系・免疫系・自律神経系

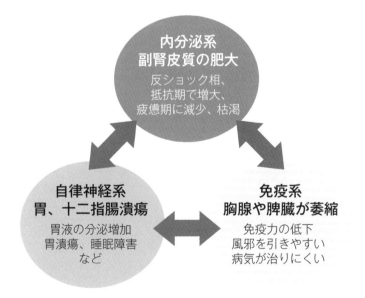

第 **2** 章

ストレスでチャンスをつかむ

## ストレスケアと脳の関係

　ストレスを幸せ人生に変えるには、「気づき」が必要です。五感にアプローチしてストレスをケアし、五感で得た情報を言葉にすること。それによって、気づきが得られます。五感がどのように脳を刺激するのでしょうか。気づきは「言葉」から得られることについてもご説明します。

### 「気づき」は五感へのアプローチだけでは生まれない

　ストレスを幸せ人生に変えるには何が必要でしょうか。

　ストレスで新たな幸せをつかむには、まず「気づき」が必要です。第1章でお話ししたC子さんも、「私は内面を大切にして人と接しよう」と気づいたときから、「イケメンA君に振られたかわいそうな女の子」から、「内面の大切さを知った素敵な女の子」に逆転します。

　そして、今までとは全く違った価値観で、物事を見るようになるのです。それが、結果的にY君との新たな出会いにつながったのです。

　単に五感にアプローチするだけでは、「ストレスをケアする」ことはできても、気づきは生まれません。なぜなら、五感へのアプローチは、無意識層へのアプローチだからです。

　「気づき」を得るには、無意識層ではなく、意識層にアプローチすることが必要です。その方法は、「言葉にすること」。「ストレスとは？」「ストレスの原因とは？」を脳に質問して、その答えを言語化することで、人ははじめて「意識し、気づく」ことができます。

　気づきがなければ、行動に結びつかず、幸せ人生をつかむことができません。

## ストレスを気づきに変えるには……

　もう一度いいます。ストレスを気づきに変えるには、五感で得た感覚を言葉に変えることが大切です。そして、五感を言葉に変えるには、脳の右脳部分で感じた情報を、左脳で言語化することが必要です。ここで、右脳と左脳について少しお話しします。

　右脳と左脳とは、大脳皮質を機能的に分けた名称です。

　大脳皮質には視床からの４つの感覚神経と大脳辺縁系からの嗅覚神経の五感神経が集まります。大脳皮質は、集まった５つの感覚からの情報を総合的に判断して、行動を決めています。

　右脳は主に感覚や感情と呼ばれる部分。左脳は主に思考、判断などで理性と呼ばれる部分です。右脳と左脳の間には、「脳梁」と呼ばれる両脳の橋渡しをする部分があります。この脳梁は、右脳のイメージ情報を左脳に、左脳の理性情報を右脳に送り、お互いに影響し合っています。

　また、脳梁のおかげで、私たちは感情だけで行動することがありません。つまり、腹が立ったからといって、人を殺したり、物を壊したりの行動を、思いとどまることができるのです。脳梁は、人が他の動物に比べて特に大きく発達しているといわれています。

　脳には、左脳、右脳という分類のほかに、意識、無意識（潜在意識も含む）という分類があります。左脳、右脳は脳の機能的分類で、その働きの違いを提唱したのが、ロジャー・スペリー博士です。

　また、脳の意識、無意識は、精神科医のジークムント・フロイトが提唱したものです。

　左脳は主に意識層に関与し、右脳は主に無意識層に関与しています。右脳の無意識層には、視覚、聴覚、嗅覚、味覚、触覚など五つの感覚があります。五感が存在する無意識層を活性すると、右脳が活性し、きれい、好き、楽しい、うれしいなどの感情が湧き上がります。

　左脳の意識層には、言葉や文字などがあり、理解する、判断する、気づくなどが入ります。左脳を活性し、目標を言語化したり、紙に書いた

りすると、未来のイメージが鮮明になり、行動が加速します。

　左脳と右脳、意識と無意識は相互に関連して脳に影響を与えています。
　たとえば、
・変な匂いだから（右脳、無意識）、食べない（左脳、意識）。
・何となくダサいから（右脳、無意識）、やりたくない（左脳、意識）。
などです。

# 右脳、左脳の働きと脳梁の関係

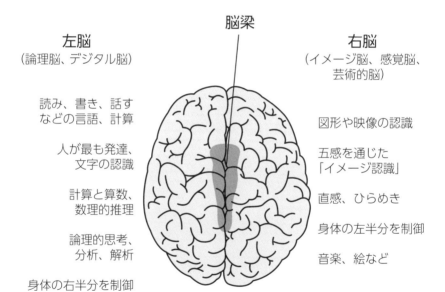

脳梁

**左脳**
（論理脳、デジタル脳）

読み、書き、話す
などの言語、計算

人が最も発達、
文字の認識

計算と算数、
数理的推理

論理的思考、
分析、解析

身体の右半分を制御

**右脳**
（イメージ脳、感覚脳、
芸術的脳）

図形や映像の認識

五感を通じた
「イメージ認識」

直感、ひらめき

身体の左半分を制御

音楽、絵など

## 右脳、左脳、意識、無意識と五感

視覚、聴覚、味覚、嗅覚、触覚神経について、右脳と左脳、意識と無意識も交えてお話しします。

### ①視覚

視覚は五感の中で脳の判断領域と直結していて、脳に送られる情報の約80％が視覚からといわれています。

視覚の中では、形よりも色が脳の無意識層に刺激を与えます。また、視覚は無意識層の中で、意識層のすぐ下、潜在意識層に位置しているといわれています。つまり意識層に気づきを与えやすいということです。

### ②聴覚

聴覚野と言語野があり、主に左脳に分類されています。音楽を単に「聞く」は右脳ですが、内容を確認したり、理解するために意識して聞くのは左脳になります。聴覚野「聞く」と言語野「話す」は脳の分担する場所が違います（下の図参照）。

「聞く」はウェルニッケ野、「話す」はブローカ野です。

## 人の左脳部分

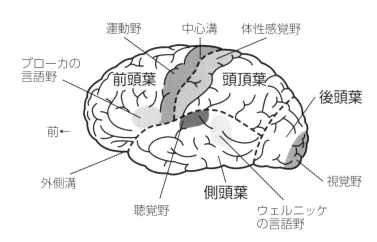

### ③嗅覚

　嗅覚は無意識層にあり、実は無意識の60％に関与しているといわれています。嗅覚は五感の中で唯一、視床を通らずに、「感情」をつかさどる大脳辺縁系」に直接働きかけます(届く速さは約0.2秒といわれる)。

　嗅覚以外の感覚である、視覚、聴覚、味覚、触覚は、間脳の視床を通って大脳皮質に運ばれ、そこで大脳皮質が総合判断をします。その点、嗅いは「大脳辺縁系」に届くと、すぐ好き、嫌いを判断する感情の部屋**「偏桃体」**と、昔の記憶がすべてしまい込まれている記憶の部屋**「海馬」**に運ばれます。

　たとえば、ミカンの香りを嗅ぐと、偏桃体で「好きな香り！」と感じ、海馬で、「そういえば、おばあちゃんとコタツで食べたな〜」という記憶がよみがえるという具合に、「好き、嫌い」と「昔の記憶」が連動して浮かんでくるのです。そのため、**記憶をポジティブなものに書き換えることで、香りの好き、嫌いが変化します。**

　また、「昔の記憶」がない初めての香りでも、好き、嫌いだけは瞬時に判断されます。これは、人類が生きるために「危機管理能力」として備わった力だといわれています。一般的に、嫌いな香りは「危険」を表し、好きな香りは「安心」を表します。つまり、香りを嗅ぐ事で大脳辺縁系は瞬時に好き、嫌いを判断し、「安心」「危険」を決定するのです。

　精神的ストレスの発現には、ノルアドレナリンと視床下部が大きく関与しているとお話ししました。その視床下部に影響を与えるのが大脳辺縁系です。大脳辺縁系は感情を左右し、視床下部を覆うように存在しています。ですから、大脳辺縁系の感情変化は、すぐ視床下部に伝わり、ストレスを変化させます。

　生きていくためには非常に大切な嗅覚ですが、香りに代表される好き、嫌いの感情は、言語化することが難しい感覚です。大脳辺緑系は、香りの「好き！嫌い！」は即座に判断できるのですが、「好きな理由」や「嫌いな理由」を論理的に言葉で説明できません。論理的説明は、大脳皮質の役目だからです。

　しかし、大脳辺緑系で感じた香りの好き、嫌いの理由を言葉にできれ

ば、感情を言葉で説明することができることになります。そうなれば、
「よくわからないけどイライラする」ということがなくなり、なぜイラ
ついているのかがわかります。感情を言葉で説明することができれば、
感情と冷静に向き合うことができるようになります。これが、動物と人
間の違いです。よくわからない感情と冷静に向き合えないから、ストレ
スになるのです。

「自分の」感情を言葉にする方法は、第3章でお知らせします。

### ④味覚

　味覚は嗅覚と同様、化学的感覚と呼ばれ、化学物質が神経に刺激を与
えて脳に情報を届けます。そして味覚は、視覚、聴覚、嗅覚、味覚、触
覚などの五感すべてを使って総合的に脳に影響を与えます。そのため、
脳への伝達は非常に複雑になります。

　食事を味わい、「食材は何？」などと考えると、意識層になりますが、
「おいしい！」と感動して味わうと無意識層になります。

　また、味覚はストレスへのアプローチで考えると、「自律神経系の副
交感神経に働きかける」という利点があります。ストレス症候群はホメ
オスタシスの乱れにより起こりますが、このホメオスタシスは自律神経
系、ホルモン系、免疫系で成り立っています。その中の、自律神経系に、
味覚がアプローチできるのです。

　自律神経には、交感神経と副交感神経があります。交感神経はストレ
スに対して戦う神経で、過度に交感神経が優位になると、さまざまなス
トレス症候群の原因になります。そして反対に副交感神経は、交感神経
を鎮め、リラックスを促し、ストレスを鎮める神経です。この副交感神
経を優位にするのに、味覚に働きかけるハーブティーが有効です。

　温かいハーブティーを飲むことで、胃腸からリラックス神経が脳に送
られ、副交感神経が優位になり、体の内側からリラックスしていきます。
さらに愛情ホルモンであるオキシトシンが分泌され、血液循環が増し、
免疫力もアップします。

触覚

　右脳は左半身の運動、感覚や空間的能力、直感的理解に関与し、左脳は右半身の運動、感覚や言語的理解、計算能力に関与しています。左半身と右半身の両方にアプローチできるトリートメントは、右脳と左脳両方に影響を与えます。

　また、触覚は無意識層に分類されます。触覚は生まれたときから、死が訪れるまで残っている感覚といわれています。ですから、触覚に刺激を与えるトリートメントは、年齢に関係なく、いつでも、だれにでも行うことができます。特に自分に自信がないときや、自己肯定感が低くなっているときには、おすすめです。

## 意識・無意識と左脳・右脳の関係図

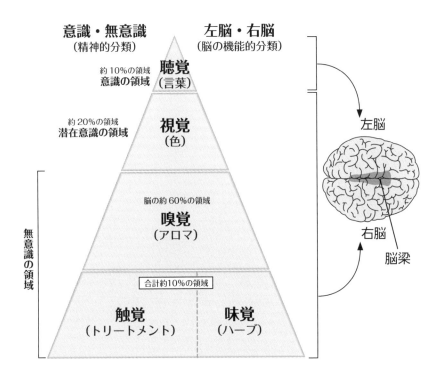

# ストレス耐性が高い人・低い人

　同じストレスなのに、全く動じない人、ダメージの大きい人など、ストレスの感じ方は人それぞれ違います。感じ方の大きい、小さいは、ストレス耐性の低い、高いで表します。ストレス耐性の高低は、その人の「過去と未来」にも関係しています。

## ストレスの感じ方が人によって違うのは 【ストレス耐性】の違い

「あんなに忙しくたいへんな毎日なのに、ストレスがないなんて信じられない！」

「わたしから見れば、幸せなのに、そんな小さなことがストレスなの？」

　普通では耐えられない状況でも、それを楽しんでいるかのようにストレスを感じていない人と、「えっ！　こんなことでストレス？」というほど小さなことで悩んでいる人がいます。同じ事柄でも、ストレスを感じない人と、ストレスを感じる人がいるのはどうしてなのでしょうか？

　それは、ストレス耐性の違いによるものです。

「ストレス耐性」とは、文字どおり「ストレスに耐える強さ」という意味です。ストレス耐性が強い人ほど、日常生活やいろいろな問題に対して解決するスキルを持っています。ストレス耐性の強さは現代社会を生き抜くスキルの高さといってもよいと思います。

　このストレス耐性は個人差がありますが、同じ人でもそのときの環境や周囲の人々との関係で違いが出ます。

## ストレス耐性が高い人の4つの特徴

### ①スルースキルが高い人

　スルースキルとは、何かいやなことがあったり、いわれたりしても、「これは自分が成長するための必要なプロセスである」とポジティブに考えるスキルのことです。すぐに気持ちを切り換えることができるので、悩みを引きずることがありません。

　ストレスに対して、このようにポジティブに考えることができる人は、ストレス耐性が高くなります。

### ②目標を持ち、集中力がある人

　やりたいことが決まっていて、そのためにどのようにしたらよいかがわかっている人。目標に向かって進むことのできる人は雑念がなく、今何をすべきかを知っています。

　ですから、ストレスも目標のために必要なこととととらえることができ、ストレス耐性が高くなります。

### ③コミュニケーションスキルが高い人

　コミュニケーションスキルが高い人もストレス耐性が高い人です。仕事とは別に趣味の仲間がいたり、友人を大切にしたりする人は、コミュニケーション能力が高く、自然とチームワークを大切にすることができます。困っている人に対し、自分から助け舟を出して協力しようとします。また反対に自分自身が困難に直面したときには、我慢せずに助けてほしいと相手に伝えることができます。ギブ＆テイクの精神を持っているのです。友だちの友だちも巻き込み、周囲から思いやりのある人という評価を得ることができます。

　つまり、ストレスがあっても、周囲の人の力を借りて、問題に立ち向かうことができる人は、ストレス耐性が高くなります。

### ④物事のとらえ方や考え方、自分自身に対しても肯定的な人

　物事のとらえ方や考え方が肯定的で、自己肯定感の高い人は、つらい

問題に直面したとしても、正面から立ち向かい、乗り越えようとします。

　それは、過去に獲得した「成功体験」や「自分に対する信頼感」などによるものです。それらが「何とかなる」という気持ちを高めるため、このような人は問題解決への最善の方法を探し、実践していきます。

　また、このような人は「必ず成功する」という確固たる思いが根づいています。ですから、最初に失敗したとしても、その失敗を糧にして成功しようとします。失敗は自分自身の成長につながるということを理解している人は、ストレス耐性が高くなります。

　それでは「ストレス耐性の低い人」とはどのような人でしょうか。

## ストレス耐性が低い人の特徴

### ①悩みを引きずる人

　気持ちの切り替えができない人です。ちょっとしたトラブルをいつまでも悩み続け、ほかのことがまったく手につかない。毎日、そのことばかり考えてしまう人です。

　一度失敗したら、24時間そのことが頭から離れない。眠ることもできず、つらい精神状態を引きずる傾向があります。

### ②長続きせず、投げ出す人

　物事を途中で投げ出したり、仕事が続かなかったりする人も要注意です。たとえば何らかのトラブルでストレスを抱えてしまったとします。通常なら、トラブルと向き合い、その解決法を探しますが、このような人は苦手なことや、困難から逃げようとします。最悪の場合、仕事を放り出してしまいます。

### ③自分に厳しい人

　自分に厳しく、まじめ過ぎる人も、同様に要注意です。問題を完璧に解決できないときに、自分を責めてしまいます。また、自分が描いたとおりの結果にならないと、自分だけでなく、関係していた他人にまで厳

しくあたってしまい、反感を買ってしまうこともあります。

### ④周囲の人に合わせる人

　周囲の人に気を配るのは大切なことです。しかし、周囲の人に合わせる人は、自分の意見を持たず、人に合わせるだけの人生を送ってしまいます。このような人は、自分の考えで行動していないので、問題が起こったときには、自分で責任を取らず、人のせいにして、そこから逃げようとします。

## ストレス耐性に関する過去と未来

　「どうして自分だけ、こんなにストレスに弱いんだろう……」

　そんなふうに自分を責めてしまう人も多いと思います。しかし、ストレス耐性の低い思考パターンに陥ってしまうには、原因があるのです。その原因は、その人の「過去」と「未来」にあります。

　「今のストレス」は、あなたの過去と未来に影響を受けていることを知りましょう。

### ●過去の事柄、本質

　人それぞれに異なる「今のストレスの感じ方の違い」は、第一に、その人が今まで育った環境や関わった人々などの「過去」が影響しています。

　たとえば、「女の子らしく、皆と仲良く争わず」と育てられたＡ子さんと、「男女平等、自分らしく、主義を貫く」と育てられたＢ子さんとでは、同じことが起こってもストレスの感じ方が違ってきます。

　Ａ子さんは皆とチームワークを組んで協力して行う仕事には、ストレスをあまり感じません。仕事場に和気あいあいとした雰囲気を作り出すことが得意なはずです。しかし、自分の意見を述べ、相手と競争しながら、１人でクライアントと交渉し、決定権のある仕事を行うのは非常なストレスを感じるのではないでしょうか。

B子さんは、その反対にチームワークを組んで皆と和気あいあいと行う仕事にはストレスを感じ、自分の意見を述べ、相手と競争したり、クライアントと交渉し、決定権のある仕事を行ったりすることにやりがいを感じるはずです。

　ストレスの強さや種類はその人の過去によって変化するということです。なお、過去とは、今までの食習慣や生活習慣も含まれます。
　しかし、今感じるストレスの強さや種類は、その人の過去だけが原因ではないのです。これからどのようにしたいのか？という未来の願望によっても変わってきます。

## ●「未来」の願望

　第二に、ストレスの強さや種類は、どのような未来を望んでいるか？つまり、進みたい未来によっても変化します。たとえば、A子さんが将来自分で花屋を開きたいと決心したとしましょう。花屋の経営者になる！と決めたわけです。経営者になるには、今までのように、皆と仲よく和気あいあいとしているだけではなれません。
　A子さんは経営者になるために、「相手との交渉もしなければならない！　自分の考えを相手に伝える必要もある！」と考えます。このようにA子さんが未来の目標を決定したときから、今まで楽しいと思っていたチームワークでの仕事にストレスを感じるようになるのです。そして、今までストレスを感じていた、「自分の意見を述べ、相手と交渉しながら１人で行う仕事」にやりがいを感じるようになるのです。

　また、B子さんも大きなプロジェクトを任されたとしましょう。その仕事はとうてい１人ではできません。彼女はチームワークの必要性を強く感じます。「このプロジェクトを成功させるためには、仕事仲間との団結と協力が不可欠だ！」と考えたのです。
　B子さんが「プロジェクトの成功」という未来を設定したときから、今までストレスを感じていた、チームワークやつき合いが、大切なこと

であり、必要なことと感じ、ストレスではなくなるのです。

　また、体力をつけてプロジェクトを完成させる。次の日のためにお酒を控えるなどと、未来の目標が決まったときから、食習慣や生活習慣まで変化します。

## ストレスを逆転人生に変えるには

　Ａ子さんやＢ子さんの例でもおわかりのように、ストレスの強さや質は、今ある事柄だけではなく、その人の積み重ねてきた「過去の事柄や本質、習慣」、これからやりたいと思っている「未来の願望、目標」によって変化していきます。

　ストレスが何かを知らなければ、ストレスの解決法を知ることはできません。そして、ストレスが何かを知るヒントは、「過去」と「未来」の中にあるのです。

　ですから、「今のストレスの解決」を現状の中だけで探したり、自分の過去や未来を知らない第三者に聞いたりしても、あなたのストレスを解決することはできません。自分の過去と未来を知り、そのうえで現在のストレスと向き合うことで、ストレスの解決策が見えてきます。

　また、ストレスを解決し、ストレスを未来につなげ、望む未来に変えるには、過去と未来をポジティブにとらえることが大切なのです。

　ポジティブにとらえることのできないときは、以下のことが解決のカギになります。
①五感を使ってストレスケアをする（自分の楽しい、うれしいに気づく）
②過去の気づきから未来をポジティブに変える方法に気づく
③五感にアプローチして、ポジティブな気持ちを持続させる

## ストレスをプラスのエネルギーに 変える「WATCH セラピー」

> ストレスは心身にダメージを及ぼすものもありますが、上手に扱うと人生のチャンスにもつながります。ストレスがプラスのエネルギーに変わるもっとも有効なセラピーが、「WATCH セラピー」です。

## 一生懸命に自分らしく生きている人にこそ パワーアップの人生を

　一生懸命に自分らしく生きようとしている人ほど、多くのストレスにさらされます。なぜなら、自分らしく生きようとすると、世の中の流れに逆らうことも起きるからです。そして、流れに逆らうときにストレスがかかります。一生懸命生きようとするほど、ストレスが多くなる！本当にこれでよいのでしょうか？

　そこで私は、自分らしく生きる人たちに、ストレスを前向きなプラスのエネルギーに変換し、パワーアップした人生に変える方法を提案したいと思います。

　第1章で、ストレス人生を幸せ人生に変えるにはどうしたらよいかについて、お話ししました。

　そのための4つの具体的な方法をお知らせします。

### ①ストレスをケアする

　ストレスの原因物質、ノルアドレナリンが最初に作用する、脳の視床下部にアプローチします。その方法は、自律神経のうち、リラックス神経である「副交感神経」へのアプローチと、五感に関与する「視床」「大脳辺縁系」へのアプローチです。

　ストレスケアのしくみと、その方法を次ページの表にまとめました。

| 脳の部位 | ストレスケアのしくみとその方法 |
|---|---|
| 視床下部 | ●**しくみ**　自律神経（交感神経と副交感神経）に命令を送る中枢。末梢神経の副交感神経を優位にすることで、交感神経の作用が抑えられ、副腎髄質からのアドレナリンの放出を抑えることができる。<br>●**方法**　温かいお茶で、副交感神経にアプローチ |
| 視　　床 | ●**しくみ**　五感のうち４つの感覚（視覚、聴覚、触覚、味覚）がここを通り、最終的に大脳皮質で気づきが生まれる。この気づきを、ネガティブなものから、ポジティブなものに変化させる。<br>●**方法**<br>① 視覚、聴覚　色彩心理学を使って、WATCHカラーワード（134 ページ）でポジティブな気づきに変え、ストレスをケアする。<br>② 触覚　末梢から脳にアプローチするトリートメントでケアする。<br>③ 味覚　お茶で味覚にアプローチして、ケア。 |
| 大脳辺縁系 | ●**しくみ**　五感の中で、唯一嗅覚は大脳辺縁系を経由して、大脳皮質に情動・記憶の情報を合わせて伝える。好きな香りを嗅ぐことで、気持ちが癒やされ、ストレスをケアすることができる。<br>●**方法**<br>④ 嗅覚　フレグランスで感情と記憶にアプローチし、ケアする。 |

②ストレスの原因に気づく

　五感で得た右脳からの情報を、左脳で言葉にすることで、脳の気づき
を促します。過去、未来とストレスの関係を言葉で整理し、今のストレ
スの原因に気づきます。

③気づきから行動を変化させる解決策を見出す

　現在のストレスを過去、未来と関連づけて「気づき」を得ます。その
後、「納得する解決策」を探します。「納得する」ことが大切です。納得
することで行動が加速します。

④ストレスを幸せ人生に変える方法を知り、行動を持続させる

　視覚にうったえる色彩心理学、色彩学を使って、色のバランスを見ま
す。嗅覚で「好き、嫌い」とその理由を知り、気持ちを前向きにする方
法を知ります。触覚で、脳の感覚野と運動野、脳幹に働きかけ、本当に
必要なものを探し出します。味覚、嗅覚を使って行動を持続させるモチ
ベーションを保ちます。

　この４つの方法を行ってストレスケアし、プラスのパワーアップ人生
に変えていく方法を開発しました。
　それが、「ＷＡＴＣＨセラピー」です。「ＷＡＴＣＨセラピー」は、脳
科学、色彩心理学、行動心理学、色彩学に、生理学、解剖学、香粧品学
と、ハーブの調合法を使っています。
　これらを使って、精神的ストレスをケアし、ストレスから気づきを得
て、ストレスを前向きにとらえ、幸せ人生に変えていくものです。

## 「ＷＡＴＣＨセラピー」でストレスケア

「ＷＡＴＣＨセラピー」には、五感を使って脳にアプローチし、ストレ
スの本質に気づき、ストレスを前向きにとらえて、幸せ人生に変えると
いう狙いがあります。
　「ＷＡＴＣＨ」とは、「時計」の意味を持ちますが、ＷＡＴＣＨの語源は「気

づく」です。ＷＡＴＣＨセラピーは、五感を使ってストレス症状の原因である脳にアプローチし、ストレスをケアします。そして、ストレスを自分らしく前向きに生きるために活用します。「気づき」によって脳から前向きな答えを引き出し、行動へと導き、持続させる力を持ちます。

　ＷＡＴＣＨセラピーは、五感の頭文字、「Ｗ（ワード・聴覚）」「Ａ（アロマ・嗅覚)」「Ｔ（トリートメント・触覚)」「Ｃ（カラー・視覚)」「Ｈ（ハーブ・味覚)」を取って名づけたものです。それぞれ、以下の内容を示しています。

## 「Ｃ」「Ｗ」
　視覚と聴覚にアプローチして、潜在意識を言語化し、気づきを促す **WATCH カラーワード**
　……色彩心理学と行動心理学、色彩学、脳科学を使います。

## 「Ａ」
　嗅覚にアプローチして、感情を言語化すると同時に、**WATCH アロマフレグランス**を使って、感情を前向きに変化させます。
　……化学的に効果を表す、有機化合物の官能基に着目して、調香されたアロマフレグランスを使用。アロマフレグランスを使って、自律訓練法を応用した**調気法**も行います。

## 「Ｔ」
　触覚にアプローチして、ストレス耐性を高め、行動を持続させる **WATCH 禅トリートメントと８秒間ハンド**
　……ペンフィールドの脳機能地図（95ページ）を応用したハンドと、脳幹へのアプローチのフットを行います。また、８秒間で気持ちを前向きにするハンドトリートメントも行います。

## 「Ｈ」
　味覚にアプローチして、副交感神経を優位にし、行動を持続させるＷＡＴＣＨハーブティー
　……効能別にブレンドしたハーブティーを、自律訓練法を応用した**腸整法**を行います。

この４つを組み合わせることで、あなたも気づいていない、あなたの本質や、ストレス、解決策などを脳から導き出します。
「あなたの知らない本当のあなたを知る」セラピーが、ＷＡＴＣＨセラピーです。これは占いではありません。心理学や脳科学など、さまざまな技術を用いてあなたの本質にたどり着きます。

　「ＷＡＴＣＨセラピー」と一般的に「セラピー」と呼ばれているものとの違いは何かといえば、相手を癒やし、ストレスをケアすることは同じですが、「気づいてアクションを起こす」までにかかる時間に違いがあります。

　ＷＡＴＣＨセラピーは、五感にアプローチしてストレスをケアし、さらにストレスを言語化することで、「自分で気づくこと」ができます。
　それだけではなく、望む未来を実現するために、どのようにしたら行動が持続するのか、その方法にも気づくことができます。したがって、「気づいてアクションを起こす」までの時間が、非常に早くなります。

　また、人は言葉だけで行動を持続することが困難な生き物です。それは、意識（言葉）だけでは、気持ちがついていけなくなるからです。３日坊主がいい例です。そのように、トーンダウンしがちな気持ちをフレグランスやトリートメントでサポートをする体制まで整えているのが、ＷＡＴＣＨセラピーです。
　これは、脳科学で「人は少しの環境の変化で、脳内物質が変化し、気持ちが大きく変わる生き物」ということを知っているからです。また、心理学で「無意識層の安定が意識層を安定させ、行動を持続させる」ことも知っているからなのです。

## Column 1　愛される人になるには

　人は 1 人では生きていけません。周囲の人々や動物、植物に支えられて生きています。つまり、生きるということは、多くの人々と関わるということです。そのような生活の中で、周囲の人々から愛を与えられない毎日は、非常につらく、みじめに感じるものです。生きていく意味さえ失ってしまいかねません。

　誰もが愛を与えられる日々を送りたいと願っているのです。

　それでは、どうしたら愛を得られるのでしょうか。

　その答えは一つ。**あなたがまず愛を与えること**です。

　人が感じる究極のストレスは、身近な人や動物との別れだといわれています。それは、愛する対象や愛してくれる対象が永遠に存在しなくなるという感情が、究極のストレスとなるのです。

　人は自分を愛してくれる人、自分を本当にわかってくれる人にひかれます。そして、そのような人を「人間力のある人」「愛のある人」として尊敬し、いつも身近にいてほしいと願うのです。

　もう一度いいます。

　愛されたいと思ったら、まずあなたが愛を与えることです。

　では実際に「愛を与える」とは、どうすればよいのでしょうか？

　最初にすべきことは、愛を与える相手を知ることです。

　なぜなら、相手を知らなければ、愛を与えられないからです。あなたがよいと思ったことが、相手の「よい」ではない、という場合もあるのです。

　人間力とは、相手を思いやる気持ちや感じる心、そして人に対してどれだけ愛を持って接することができるかだと思います。あなたが周囲の人にとって、人間力のある人、身近にいてほしい人になってください。そうすれば、あなたは愛される人になります。

第3章

五感にアプローチして
「本当の自分」を知る

# WATCHセラピーの「カラーワード」で「自分」を知る

WATCH セラピーは色を選ぶことで、「本当のあなた」を知ることができます。本当のあなたは知るには、自分自身に素直になり、直感で行うことが大切です。いくつかのポイントを押さえておけば、「知らない自分」と出会えるかもしれません。

## WATCHカラーワードはこんな人におすすめ

色を選ぶことのできる人ならどんな人にでも効果があります。年齢（子どもから高齢者まで）、性別を問いません。特に次のような方には、心が整理されることで、自分の気持ちや、本当にしたいことがはっきりと見えてくるでしょう。

・だれにも相談できない
・何をしていいかわからない
・悩みが多すぎて、何から解決したらよいかわからない
・自分の心を冷静に見つめてみたい

また、次のような悩みや問題を解決に導きます。
・職場、家庭、友人などの人間関係
・自分だけでは解決できそうもない問題
・自分のモチベーションを上げたい
・身近な人を知る

## 効果のある空間や時間帯

　カラーワードをすべき空間や時間帯は、特に決まっていません。
　ＷＡＴＣＨカラーワードは、占いや神秘的療法ではありません。あなたのことを一番よく知っているあなたの「脳」から答えを導き出していくものです。ですから、あなた自身、つまりあなたの脳が拒否反応を起こしたら、あなたの脳は正確な答えを示してくれません。

　脳から答えを引き出すためには、このセラピーでは、自分に素直になることが大切です。
「選んだ色の意味がなんだかピンとこない」という人がいます。しかし、その色を選んだのはあなたです。あなたが選んだ色はイメージです。あなたの脳から何らかのイメージのメッセージが送られているのです。
　自分に素直になってその色が意味する言葉の内容について考えてください。自分に素直にならなければ、ストレスを幸せ人生に変えることはできません。
　そのうえで、あえて効果のある空間や時間帯をあげるとするなら、脳が新しい刺激を受ける朝や、自分の心が穏やかになれると感じる「空間」や「時間帯」を選ぶのがよいと思います。
　また、掃除をしているときや、車を運転しているときなどに不意に脳から答えが送られてくることもあります。

## ＷＡＴＣＨカラーワードに必要なものと注意点

　ＷＡＴＣＨセラピーを行うにあたり、以下のものをご用意ください。あらかじめこれらのものを準備しておき、必要なものは切り離しておくとスムーズに進められます。

　　①ＷＡＴＣＨカラーボトル(153〜156ページのカラーカードを使用)
　　②ＷＡＴＣＨ気づきのカルテ (157ページ。コピーして使用)
　　③ＷＡＴＣＨカラーワード（134〜140ページ。コピーして使用)

④のり
⑤筆記用具

　また、カラーワードだけでなく、WATCHセラピーすべての過程で、以下の点に注意しましょう。

①他の人に答えを出してもらってはいけません（ヒントはかまわない）。自分で考えましょう。WATCHセラピーは占いではありません。あくまでも自分の脳から答えを導き出します。ですから、ほかの人が占い師のように断定的に○○です、と決めた答えに、左右されないでください。

②精神的に病気と診断されている方は行わないでください。病気は医師にお任せしましょう。WATCHセラピーは、あくまで、健康な人が自分を知るためのものです。

③色彩心理、行動心理などからカラーワードを作成しています。しかし、表示されているカラーワードが絶対的に正しいというものではありません。あくまで、「100％ではないけれど、○○の傾向がある」というものです。この本に掲載されているカラーワードは、あなたが「自分の言葉で答えを出していく」ためのツールです。

④WATCHセラピーは、ストレスから学び、ストレスをプラスのパワーに変えていくためのツールです。「脳」という広い場所に埋まっている宝（あなたの幸福解）を探すのは至難の業ですが、「ココのこのあたり」と場所を示してもらえば、そこを掘り出して宝を探すことができます。WATCHセラピーは、脳から宝（あなたの幸福解）を探すことのできる地図だと思ってください。しかし、どんな精密な地図でも、宝（あなたの幸福解）を探し出すのは、あなたです。「私の力で探し出す」という意識を忘れないでください。

# ＷＡＴＣＨカラーワードの実践

　本書の巻末にある「WATCH カラーカード」を使い、実際に行ってみましょう。手順をよく確認し、「左手」「右手」にも注意しましょう。どちらの手を使うのかにも意味があります。

## ①カラーを並べる

　巻末付録のカラーカードを以下のように並べます（可視光線が脳に届く順）。

　左から、赤、オレンジ、ピンク、クリア、黄色、黄緑、緑、青、薄紫、紫になるようにします。

| 赤 | オレンジ | ピンク | クリア | 黄 | 黄緑 | 緑 | 青 | 薄紫 | 紫 |
|---|---|---|---|---|---|---|---|---|---|

## ②左手で気になったカラー、好きなカラーを３枚選ぶ

　肩の力を抜き、目をつむり、深呼吸します。あなたの名前をいいながら、以下の言葉をいいます。

「○○ちゃん！　本当のあなたを知ろうね！」

　目を開けて、最初に目に飛び込んできた色から左手で順に３枚選びます。

## ③選んだ３枚のカラーに「合わせることでバランスがよいと思うカラー」を、右手で１枚選び、３枚目の隣に置きます。

### ④「気づきのカルテ」をつくる

巻末の「気づきのカルテ」に、最初に日付、次に選んだカラーを1枚目→2枚目→3枚目→4枚目の順に書き込みます。

次に、134〜140ページのカラーワードの10色、1〜4、5の言葉をコピーして切り取り、気づきのカルテに貼ります。

**注意：1枚目の次に3枚目を貼ります。**

すべて貼り終えたら、カラーカードの言葉から連想された言葉や、今のあなたに当てはまる言葉を選んで、丸をつけましょう。またあいたスペースに書き込んでも結構です。空欄がたりなければ、他の紙に書いてもかまいません。

まず、貼ったカラーキーワードを参考に、丸をつけたり、あいたスペースに書き込むことに集中しましょう。**最初から全文を読んではいけません。**

### ⑤あなたの心を意識する

1〜4のすべての言葉に丸をつけたり、あいたスペースにあなたの気づきを書き込みましたか？

最初は、文章にならなかったり、何を書いたらいいのかわからなくて戸惑ってしまうこともあるかもしれません。そんなときには、あてはまると思った言葉に丸をつけるだけで結構です。

カラーワードから、あなたの脳に眠っている、ポジティブワードを引き出すことが目的です。楽しいこと、ワクワクすることをイメージしながら、ポジティブな気持ちを言葉にしてください。

### ⑥4枚すべてのカラーから【補色】を探す

幸せ人生に変えるための、納得できる解決策を知るには、4枚の中に補色があるかどうかを探してください。

あなたが選んだWATCHカラーをもう一度並べます。この4枚のカラーは、あなたの心を表します。130ページの補色の組み合わせを探してください。

色彩学と色彩心理学から導いた補色関係は、お互いを補い合い、高め合う関係を表します。単に色のバランスを表すだけでなく、心のバラン

スも表すのです。ですから、4枚の中に補色があれば解決策を実行して
いくことで、心のバランスがとれることになります。

## 【補色が1組または2組ある場合】

　大丈夫！　あなたは今のストレスを自力で解決し、ワクワクする未来
に進むことができます。あなたが4枚目に選んだ解決策は、あなたの
納得解です。

## 【補色が1組もない場合】

　補色のカラーを追加します。

(1)130ページの補色表から、あなたが選んでいるカラーに対する補色
　を探します（補色をすべて選ぶ）。

　　たとえば、1.赤　2.オレンジ　3.クリア　4.紫　だとしましょう。
　補色は　1.緑（赤の補色）　2.青（オレンジの補色）　4.黄色（紫
　の補色）になります。

(2)4枚すべての補色（1～4の色によって補色数は違う）を選んだら、
　あなたが1～4で選んだ4色に、もう一枚加えたらカラーバランス
　がよいと思う色を補色の中から1枚選び、やはり右手で4枚目の次
　に、5枚目として加えます。

　　たとえば（1）なら、●緑　●青　●黄色の中から、5枚目を選
　びます（クリアには補色がないのでこの場合は3枚）。

(3)「気づきのカルテ」の5枚目の空欄にその色のカラーワードを貼り、
　1～4枚と同じように右にあなたの気づきを書きます。

## ⑦あなたの心の声を、あなた自身に聞かせる

　1～4（または5）の言葉に○をつけたり、あいたスペースに書き込
んだら、「自分に聞かせるつもりで」ゆっくり大きな声で、「気づきのカ
ルテ」に書いてある文章を読み、次にあなたが丸をつけた言葉、あるい
は書いた文章を読みます。

　1枚目→3枚目→2枚目→4枚目（→5枚目）と、続けて大きな声で、
読み上げましょう。

　あなたの心の声を、あなた自身に聞かせるように、声を出して読みます。脳の、「話す場所」と「聞く場所」は違います。

　つまり、「自分で書いたものを声に出して読む」という脳の場所と、「自分の書いたものを聞く」という脳の場所が違うのです。ですから、あなた自身（脳）にきちんと届けるように、一言一言かみしめるように声に出して読んでください。あなたの声と言葉をあなたの脳に意識させます。

　自分で声に出して、自分の耳で聞くことが、あなたの「潜在意識に眠っていたもの」を、言葉を使って「意識層」に引き上げます。

### ⑧あなたの心の傾向を知る

　最後に、チャンスを加速させる気づきを。あなたの心の傾向を知りましょう。あなたが選んだカラーの中に、132ページの「バランスカラー」の組み合わせはありませんか？

　もしあるなら、バランスカラーの法則を知ることで、あなたのチャンスが加速します。

## 「気づきのカルテ」で、選んだ色から心の声を聞く

「気づきのカルテ」は、あなたが気づかなかった心の声も含まれます。無意識層にあった本当の自分や願いを意識層に浮かび上がらせるためには、言葉にすることが必要です。素直に思ったままを書くことで、あなたの素晴らしさが表に現れてきます。

## 「気づきのカルテ」に書き込むときのポイント

### ● 1枚目のポジティブな言葉をネガティブな言葉に変換しないこと

1枚目はあなたの過去そして、本質です。1枚目のカラーワードは、あなたの素晴らしいところをみつけるためのものです。あなたの素晴らしいところをできるだけたくさん探しましょう。誰に遠慮することもありません。

あなたが「こんなに書いて恥ずかしい」「他人は何ていうかしら」などと、考える必要はないのです。あなたが書いた文書や言葉の何十倍も、あなたには素晴らしいところがあります。恐れずに過大評価と思うくらいたくさんの言葉を使って、書いてください。

そのあと、あなたの書いた言葉をカードにして見えるところに置きましょう。毎日その言葉を使って、自分をほめましょう(例　○○ちゃん！あなたは△△で素晴らしい!!)。最初に名前をいってからほめるのがポイントです。

決して、「私なんか！」などと、ネガティブな言葉であなたの素晴らしさをだいなしにしないでください。せっかく開かれたあなたの才能や素質が、ネガティブな言葉ですべてつぶされてしまいます。

### ● 3枚目はあなたの未来が実現している！として書く

3枚目は、タイムマシーンであなたの未来を見てきたように書きま

しょう。未来はだれにもわかりません。しかし、脳は可能なものしか、イメージできないのです。カラーも脳のイメージです。ですから、カラーワードから導き出された未来のイメージは、脳があなたに実現可能！と教えているイメージなのです。

　たとえば、私が王子様と結婚したい！と思ったとしても、私と王子様が一緒に暮らすイメージは実際に浮かび上がってこないでしょう。それは脳が現実的ではない、と考えているからです。

　脳は、あなたの今までの人生の体験や感情をすべて記憶しています。あなたは忘れていても、脳はすべて記憶しているのです。その脳が「未来あなたはこのようになれる！」と一番可能性のあるイメージをカラーで導き出しています。

　それが、あなたが３枚目に選んだカラーなのです。

　ＷＡＴＣＨカラーは、カラーが表す意味を言葉で解説しています。

　あなたの選んだカラーの３枚目の解説を読んで、その言葉から、できるだけ鮮明に、細かく未来をイメージしていきましょう。そして、実現しているという文章で書いていきます。

　たとえば、

　私は湘南の海辺で、カフェを開いている。壁はオレンジ色。椅子とテーブルは白。私は白いエプロンをつけて、笑顔でカフェラテを運んでいる。カップは大きくてブルー。湘南の風が私のスカートを揺らしている。お客様は私を愛してくれているのがわかる。私は、大きく深呼吸して潮の香りを体の中に吸い込む。今日も幸せな一日だ。

　みたいな感じです。このイメージは脳から送られた実現可能なものです。単なる空想ではありません。
「もう決まっているの！」
「だって私、タイムマシーンで見てきたの！」
「だから、大丈夫なの！」
　と確信を持って書きましょう。

この３枚目のイメージはワクワクして、楽しみながら書いてみましょう。そして、この３枚目のイメージを具体的な絵にしたり、画像を貼り付けてコラージュにしたり、自分への手紙にしたりします。

　この３枚目のイメージを完成させるときに、ネガティブワードは絶対に使ってはいけません。脳はネガティブワードが大好物。「でしょう！できっこないよね！」などとすり寄ってきて、可能性をつぶそうとします。負けないでね！

## ● ２枚目はあなたのストレスを表わすカラー

　ここだけは、ネガティブな言葉になります。でも、ＷＡＴＣＨカラーワードの最もハイライトの部分です。この２枚目は、あなたの脳があなたの弱点を教えてくれているところだからです。

　ＷＡＴＣＨカラーワードでは、ストレスがあるのはラッキーなことと考えます。この２枚目のストレスさえ乗り越えれば、あなたは今よりもっとパワフルになり、もっと早く３枚目の、望む未来に行くことができるからです。

　２枚目は、あなたにとって今一番のストレスが何かを教えてくれます。100以上あるあなたのストレスの中で、一番のストレスの正体を知ることで、あなたはストレスとどう向き合ったらよいかがわかります。

## ● ４枚目は解決策のカラー

　さあ、その色は何ですか？　そして、あなたは４枚目のカラーの意味からどんな解決策を選び取るのでしょうか？

　２枚目のストレスの正体を知っているので、あなたはそのストレスとどう向き合ったらよいか、あなたにとっての解決策は納得できるものなのか、考えることができます。

　今の２枚目のストレスを具体的に解消する方法を考えましょう。紙を一枚用意し、気づいたことを書き出していきましょう。すぐ行動しなくても、書き出すだけでもいいのです。無意識層があなたの行動を内面から後押ししてくれます。

●幸せ人生のための解決策（納得解）を探すワーク

　４枚目の解決策が、わたしの本当の解決策かどうかわからない！
そんなふうに不安に思っていませんか？　大丈夫！　あなたが選んだ４
枚のカラーの中に、ＷＡＴＣＨカラーの補色の関係が１組でもあれば、
あなたの解決策はあなたにとって、幸せ人生に向かうための納得解とい
うことです。

　あなたは自分で自分の心に折り合いをつけながら、ストレスを納得し
て解決していくことができます。

　解決策が他の人と同じでなくても大丈夫！と自分にいい聞かせるこ
と。あなたはあなたにしかできない方法で、ストレスを解決していいの
です。

　しかし、補色がなければ、幸せ人生の納得解ではありません。

　ストレス解決は難しくなり、あなたがよかれと思ってやっていること
で、どんどん自分の首を絞めることになります。

## 「気づきのカルテ」を、まず１分だけやってみよう

「気づきのカルテワーク」は、続けてやると３０分くらいかかります。

　でも、カラーを選び、カラーカードを貼るだけなら、１分もかかりま
せん。いろいろ考えず、まず最初の１分だけやってみましょう。

　その後、時間のあいているときに、１枚目から順に、言葉を書いてい
きます。カラーカードの言葉をヒントに、脳に、ポジティブな質問をし
ながら、気づいた言葉を書いていきましょう。まとめてしなくても大丈
夫です。

　この作業は、急がず、ゆっくり、リラックスタイムに１枚ずつ行っ
てください。お風呂に入っているときの脳への質問が効果的です。

　考えることがめんどくさい人（私のように）は、寝る前に、脳に質問
してください。

　ただ質問をして寝ます。考えないで!!　ゆっくりあなたが選んだカ

ラーワードを読みます。

　そして、「ありがとう。よかったね」といって休みます。カラーワードを読んだあとに、「○○ちゃん！　ありがとう。よかったね」と、あなたの名前をいってから寝ると、もっと効果的です。

　すると不思議！　朝起きたときに、脳が答えを教えてくれることがあります。「気づきのカルテ」からの質問で、脳が教えてくれた答えを書き留めましょう。

　脳は、あなたの美しい記憶やワクワクする感情をもとに答えを出してくれます。できるだけ多く言葉にしてください。

　この「気づきのカルテ」の1～4、5を全部行うと、次のことが可能になります。
　①あなた自身のすばらしさを知る。
　②あなたの望む未来を知る。
　③今のストレスが何かを知る。
　④ストレスの解決策を知る。

　①～④を脳から教えてもらったら、その言葉を、見えるところに置きます（置くだけで大丈夫）。

　脳から送られた、美しい記憶やワクワクする感情を言葉にしてあなた自身に贈りましょう。

　新しいワクワクする言葉が増えたら、その言葉をカードにします。その繰り返しで、キラキラするあなたの可能性を発見していきましょう。

　①～④の言葉には、あなたの可能性が詰まっています。あなたの美しい記憶や、ワクワクする感情を言葉にしたとき、「私ってこんなにすごい！」とあなた自身のすばらしさに感動してください。

　あなたのすばらしさを知ることが大切です。それは、宇宙で新しい星を発見するより、ずっと素晴らしいことです。だって、あなたの人生が、

ワクワクする未来に変わる気づきだから。
　とにかく、始めてみましょう。

第4章

すべての答えは
あなたの中にある

## 「色」を脳科学、心理学で判断する WATCHカラーワード

人間の身体と心はつながっています。WATCHカラーワードは脳科学、心理学に基づき、4段階を経て、ストレスを癒やし、望む未来に変えます。これまでのカラーセラピーと違い、占い的要素を排除した「脳から答えを導く」セラピーです。

## WATCHセラピーと、脳科学、心理学

わたしが脳科学と心理学の両面から、ストレスについて研究したきっかけは、治療院での患者さんの回復の違いからでした。身体だけの治療と、心と身体両面からの治療では、心身両面の治療のほうが、劇的に症状の回復が早かったのです。人間は身体と心が密接に結びついています。ですから、ストレス症状に対しても、身体と心の両面へのアプローチを行うことが効果的だと考えました。

身体の面では、身体の中枢である「脳」にアプローチするための「脳科学」を、また、心の面では、「心理学」へのアプローチを行いました。

そして、脳科学、心理学の両面から、「ストレスをケアし、ストレスで気づき、ストレスをプラスととらえ、ストレスが望む未来に変わる」というWATCHセラピーを開発したのです。

WATCHセラピーは、①ストレスをケアし、②ストレスからの気づき、③さらにストレスをプラスにとらえ、④プラスの行動を持続させ、望む未来に変える、というものです。

この①〜④の4つの段階で、脳科学と心理学を使っています。

### ①ストレスをケア
五感にアプローチして、右脳と左脳に働きかけます。

## ②ストレスに気づく

五感の情報、特に色彩情報を言葉にしていきます（行動心理学、色彩心理学）。

## ③ストレスをプラスにとらえる

②の言葉を使って、「プラスの質問」をし、脳からプラスの答えを言葉で引き出します。

## ④プラスの行動を持続させ、望む未来に変える

第5章のフレグランス、ハーブティー、ハンドトリートメント、禅トリートメントでアプローチします。大脳辺縁系、副交感神経（視床下部）、大脳皮質（ハンド）、脳幹（フット）に働きかけ、幸せ人生を引き寄せます。

## あなたの悩みはあなたにしか解決できない

私はここで「脳科学」や「心理学」を使っていますが、一番いいたいのは、あなたの悩み（ストレス）を解決してくれるのは占いでも、天の導きでもない！ということです。**あなたの悩みはあなたしか解決できないのです。**

あなたが今まで生きて体験した多くのことや、そのときに感じた気持ち（たとえば、「喜び」や「さびしさ」）を知っているのは、あなた自身。もっと正確にいえば、「あなたの脳」なのです。

だから、脳を解明する「脳科学」と、気持ちを分析する「心理学」を使って、少しでもあなたの悩みに寄り添い、望む幸せに、あなたが歩き出すサポートをしたいのです。

赤ちゃんの匂いを嗅いだ人の脳内に、喜び物質ドーパミンが放出されることが、カナダのモントリオール大学の研究グループによって解明されました。つまり、人は生まれたときは、「人に喜びを与える香り」を持って生まれてくるのです。ドーパミンはワクワク、ドキドキの感情を持つことで、脳内に放出されます。

あなたが、生き続けることがつらくて、前に進めず立ち止まっている

としたら、原因となっているストレスを、生まれたときの喜びの香りに変えてしまいましょう。ＷＡＴＣＨセラピーならそれができます。脳科学と心理学を使って、自分の脳から喜びを引き出し、ワクワクした人生に変えていくのです。

## Column 2　喜びと悩みの「差」

　先日、脳科学者で工学博士、脳波計を開発された、志賀一雅先生とお話しさせていただく機会を得ました。その中で先生は、「ドーパミンとノルアドレナリンの構造式の違いは、ヒドロキシル基（―OH）があるかないかなんです。人間はほんのちょっとの変化で、喜び（ドーパミン）が悩み（ノルアドレナリン）に変わるんです」と教えてくださいました。以下が、ドーパミンとノルアドレナリンの構造式です。ちなみに、ドーパミンはノルアドレナリンの前に作られる前駆物質です。

　喜びと悩みの感情は、ヒドロキシル基（―OH）が付くか付かないかで大きく変わるんですね。

　脳から放出される神経伝達物質（ドーパミン、ノルアドレナリン）と、「喜び、ワクワク、ストレス、悩み」などの心理現象は、密接な関係があるんですね！　だから、人間はちょっとしたことでワクワクしたり、落ち込んだりするんです。それでいいんです。人間は、ＡＩではない！のです。だから面白いのです

喜び、ワクワクの感情を作るドーパミン　　ストレス、悩みのもとを作るノルアドレナリン

# カラーワードと心理学

　ＷＡＴＣＨセラピーは、色彩心理学と行動心理学、色彩学を使った「カ
ラーワード」を最初に行います。最初にカラーを使うのは、五感の中で
視覚が脳に約80％の影響力を持つからです。

　脳は、視覚の中でも形よりも「色」に反応します。ですから、「色彩
心理学」を使って脳にアプローチし、色を言葉にし、気づきを促します。

　「カラーセラピー」と呼ばれているものにはさまざまなものが存在しま
す。それらのセラピーには、色彩心理学を応用したものも存在しますが、
「あなたがセレクトしたカラーから、○○がわかります」という断定的
ないい回しがほとんどです。これでは、「色彩心理学」を使っているといっ
ても、色を使った「占い」と変わりません。

　ＷＡＴＣＨセラピーで用いる「カラーワード」は、一般のカラーセラ
ピーとは、以下の点で大きく異なります。

① 「色彩心理学」を使っているが、「色彩心理学」を「統計学」ととら
　　えている

　色彩心理学を統計学ととらえているので、断定的ないい回しをしませ

ん。色彩から導かれる心理作用は、広く知られており、広告や政治の分野でも応用されています。しかし、あくまでも統計学であることを踏まえ、セレクトされたカラーについて、「このような心理傾向が強い」といういい方をします。

＊統計学；たとえば、色を選ぶときの年齢、状況、心理状態などを計測して、データ化する学問。統計学からもっと大きな未知のデータや未来のデータを推測するための学問。

### ②質問のために「色彩心理学」の言葉を使う

　セレクトしたカラーから、色彩心理に当てはまる言葉を選び出します。そして、選んだ言葉を使って、質問していきます。脳からポジティブな答えを引き出す質問です。色彩心理学から導かれた言葉は、質問をするためのツールとして使われます。

　脳にはインターネットよりも膨大な情報が詰まっています。その情報の中から、気づいて前に進むための答えを探し出すのは、並大抵のことではありません。答えを導くためには、脳に的確な質問をすることが必要です。

　的確な質問をするには、質問をするための検索キーワードが必要になります。色彩心理学から、脳への質問に必要なキーワードを見つけることができます。

　つまり、ＷＡＴＣＨセラピーの「カラーワード」と、他の「カラーセラピー」との違いを一言でいえば、カラーを、プラスの言葉を引き出す質問ツールとして使っているということです。また、色彩心理学に、行動心理学、色彩学を総合的に組み合わせて、脳からストレスをプラスに変える行動を引き出します。

## WATCHカラーワードの科学的裏づけ

　WATCHセラピーはなぜ、選ぶ色が10色なのか、なぜ選ぶ手が左右決まっているのか……これらは、すべて脳の働きと密接に関わっています。ここでは、その「しくみ」について、解説します。

## カラーはなぜ10色なのか

　ＷＡＴＣＨカラーはあなたの心のトビラ、無意識層のドアを開けるための「鍵」のようなものです。鍵はあまりに多いと、ドアを開けるのに手間取ってしまいます。同様に、カラーの数が多いと「本当にこのカラーでよいのか」と、選ぶときに迷ってしまいます。そのため、カラーは必要最小限の10色となっています。しかし、色は混ぜ合わせることで無限に変化することを忘れないでくださいね。

　本書はＷＡＴＣＨセラピーを知っていただき、ご自分や親しい方に試していただくためのものです。カラーメッセンジャーなどが相談者の方に向けて本格的にＷＡＴＣＨセラピーを行うときには、カラーボトルで行うことをおすすめしています。このボトルは透明な液体に色をつけているもので、透過性の高いボトルとなっています。

　色には、混ぜたときに明度が低くなる（暗くなり、限りなく黒に近づく）「減法混色」と、混ぜたときに明度が高くなり、光を通す（明るくなり限りなく光のクリアに近づく）「加法混色」という色があります。ＷＡＴＣＨセラピーで用いるカラーボトルは、混ぜ合わせたときに明度がより明るくなるように、光を通すものを使っています。

　なぜ、透過性の高いものがよいかというと、「セラピーをすることで気持ちが前向きになる必要があるから」です。色は「潜在意識」と結びついているのです。

　光を通し、明度が高くなるボトルを使うことで、無意識層からポジティブな効果を狙ったものです。明度が高くなると、気持ちも明るく前向きになります。

　WATCHセラピーを体験する人の気持を前向きにするという、象徴的な意味も持っているのです。

## WATCHカラーの並び方は左から右に、波長の短い順

　人の目に見える光（可視光線）は、光の長さ（波長）の短い順に＜紫→青→緑→黄→橙→赤＞と変化します。そのため、人間の目が無意識に動く方向（左→右）へと波長の短い順に色を並べています。

　また、クリアは、光の色がすべて集まったときの色です。分光器で分解したときの位置関係から、ピンクと黄色の間に置かれています。

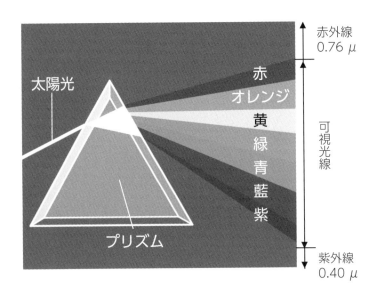

## 色を選ぶとき、右手と左手を意識的に分けている

　最初に左手で３枚、次に右手でバランスを見てカラーをもう１枚選んでもらいます。この、①左手　②３枚　③右手　④バランスを見て１枚　という４つの行動すべてに意味があります。これは、「脳科学」と、「行動心理学」から考えられています。

　人間の脳は自分から見て右側に右脳、左側に左脳があります。脳から全身に伸びている神経の束は、首のあたりで交差（交叉）し、右脳は左半身、左脳は右半身の神経を支配しています。

　また、左脳と右脳は「脳梁」でつながっています。右半身を動かすときは左脳、左半身を動かすときは右脳を使います。

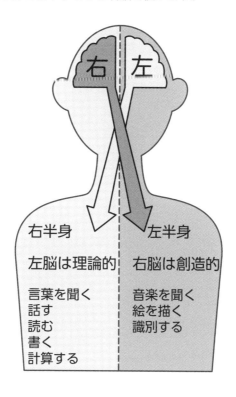

右　左

右半身　　　　左半身

左脳は理論的　右脳は創造的

言葉を聞く　　音楽を聞く
話す　　　　　絵を描く
読む　　　　　識別する
書く
計算する

## 最初に左手で色を選ぶ

　左手で色を選ぶとき、私たちは右脳を使って選んでいます。右脳は「イメージ脳、ひらめき脳、感覚脳」です。「イメージ、ひらめき、感覚」で色を選ぶことで、自分の「無意識層（潜在意識）」を、色によって識別することができます。

　最初の３色は、あなた自身に「感覚で！」「考えないで！」「雰囲気で！」選んで！と声をかけましょう。

　色で無意識層を識別できても、通常はそれだけのことです。しかし、WATCHセラピーは、選んだカラーから、そのときの心理を色彩心理学を使って言葉で解説することができます。ですから、「なぜ選んだか」を、言葉で気づくことができるのです。
「気づくこと」だけが目的なら、１枚選ぶだけでよいはずです。ではなぜ、最初に３枚選ぶ必要があるのでしょうか？
　それは、あなたの「ストレスの正体」を知りたいからです。
　３枚選ぶ理由とは、今のストレスを知るためには、過去と未来が必要だからです。

## 行動心理学から選んだ３枚が、
## 過去、現在、未来に分類される

　行動心理学では、何か行動を起こすときには、「最初の行動は、今までの経験をもとに」「次の行動は、自分の今の気持ちをもとに」、そして、「最後の行動は、未来の願望をもとに」行うという行動パターンをとるといわれています。
　この行動心理学のパターンに基づいて、カラーを３枚選ぶのです。あなたが「過去にどんな体験をして、その体験からどんな感情を持ったか」、あるいは、「どのような未来に向かっていきたいのか？」。
　「過去と未来」の２つの要素が、ストレスのとらえ方に大きく影響し

てくるからです。

　ですから、「過去、未来」に目を向けずに「今のストレス」だけに目を向けても、ストレスが起こる「原因」や「本質」を見つけることができず、「ストレスの正体」を知ることはできません。今のストレスを知るためには、過去、未来を含んだ3枚を選ぶ必要があるのです。

## 右手で選ぶ4枚目の意味

　最初の3枚を選ぶ目的と、4枚目を選ぶ目的は全く異なります。

　最初の3枚は右脳の「感覚」「ひらめき」を使って選びます。そして、最後の4枚目は、左脳の「論理的思考」「総合脳」を使って選んでいるのです。

　ですから、最後の4枚目を「右手で、全体のバランスを見ながら」選びます。これは、右手を使って、「論理脳、分析脳」である左脳にアプローチしているのです。

　右脳と左脳の間には、「脳梁」と呼ばれる両脳の橋渡しをする部分があります。ですから、右脳のイメージ情報は、すぐ左脳に送られます。その後、バランスを見てから4枚目のカラーを選ぶことで、左脳で総合的判断が行われます。

　詳しく解説すると、「1枚目の過去、2枚目のストレス、3枚目の未来」を右脳の感覚脳で、左手で選びました。このとき、脳は右脳の色情報を瞬時に左脳に送ります。そして、3枚の色に一番バランスのよい色を、右手で、総合脳の左脳を使って選ぶのです。

　意識の脳である左脳を使って、1〜3枚にもう一枚加えて、色のバランスがよいと思う色を選びます。4枚の「色バランス」は、あなたの「無意識層のバランス」を表します。過去、現在、未来の心を表す色に「色バランスを見て」もう1枚カラーをプラスすることで、「自分の心のバランスがよい色を選ぶ」という行為を無意識に行っているのです。

## 4枚目はあなたが思っている「解決策」

　3枚のカラーはあなたの「無意識層」を表します。そして、4枚目で選んだカラーは、あなたの心が「この色でバランスを保つことができる」と感じて選んだものです。つまり、あなたの無意識層が心理的に「4枚目の色を加えると、心のバランスがとれる」と感じているということです。

　しかし、この4枚目で「心のバランス」は取れたとしても、今のストレスを取り除く「解決策」になるとはかぎりません。

　たとえば、ストレスがあったとします。そのことを考えないで、その場限りの楽しみを繰り返しても、ストレスの解決にはなりませんよね。あなたがよいと思う「解決策」が必ずしも、あなたのストレスを取り去るための「解決策」とは限らないということです。

　WATCHカラーワードは、あなたのストレスを取り除くための、解決策を教えてくれます。

## 人生のストーリーを読み解く

　カラーを選ぶ順番と意味を、改めてご紹介します。

### 1枚目（無意識、直感を表す）

　本質や使命を示す。人生における目的。育ってきた環境。

　人間は太古の昔から本能的に色のもつエネルギーを感じ、色に対して反応し、心身のバランスをとっていた。遺伝的記憶。幼年期からの環境を示す。

### 2枚目（経験を表す）

　現在の困難は何か。乗り越えなければならない問題点。ストレス。

　経験による記憶。継承されてきた意味。学習によるもの。個人的経験。個人的連想。

### ３枚目（意識を表す）

望む未来は何か。導かれる方向。可能性の予想。

目的。自己表示。個人的色（パーソナルカラー）。

### ４枚目、５枚目（バランスを表す）

ストレスの解決法を示す。今やらなければいけないこと。

ストレスの解決策。心のバランス。意識と無意識のバランス。過去の
経験から未来のために今すべきこと。

## ストレス人生が望む未来に
## 変わるには補色がカギ

　色彩心理学、色彩学も判断のよりどころとしている WATCH カラーワードでは、「補色」も大きなポイントです。ストレスや問題を解決するカギは「補色」があるかどうか。あなたの問題を解決に導く補色の働き、また補色がない場合の対処について解説します。

## 「解決策」は、「補色」が決め手

　たとえば、選んだ 1 ～ 4 枚のカラー中に「補色」の組み合わせがない場合は、あなたが考える解決策を実行しても、堂々めぐりの場合がほとんどなのです。それは、補色のない状態は、あなたが解決策だと思い、実行していることが的外れの場合があるからです。

　カラーワードは色彩心理学と色彩学を組み合わせています。色彩心理学では色と心の関係を、色彩学では色同志の関係を表します。そして、この 2 つの関係を同時に使うことで、心の関係をカラーで表すことができるのです。

　カラーは脳の無意識層にあり、色の調和は無意識層の調和だからです。ですから、4 枚のカラーの中に、「補色の関係」があれば、色同士がお互いの性質を引き立て合う関係になります。

　その結果、心が安定した状態になります。この補色の「相乗効果」と「調和」を、ＷＡＴＣＨカラーワードでは、心を引き立て合い、安定した状態にする色の組み合わせとして使います。選んだ 4 枚の中に補色関係があれば、「心のバランス」がとれていることになります。

　ここで改めて、補色についてご説明します。補色とは、色相環で正反対に位置する関係の色の組み合わせのことです。ＷＡＴＣＨセラピーで

用いる色相環図は、黄色を起点に色相差の関係を示したものです。補色には単色に比べて、お互いをより引き立てる、色の相乗効果があります。また、「補色調和」といって、お互いの色を引き立て合い、安定した状態にする役目もあります。

## ＷＡＴＣＨセラピーの補色（130ページ参照）

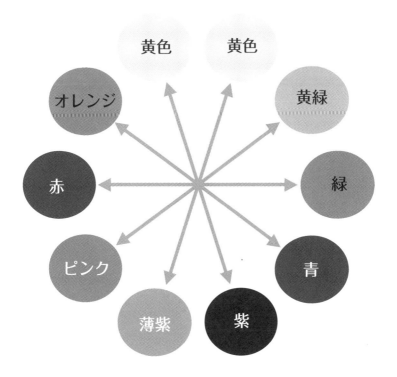

## 補色がない場合

　選ばれた４枚に補色の組み合わせがなければ、あなたが選んだ４枚目を解決策として実行しても、ストレスを取り除くことはできません。それはあなたの心のバランスをとることができないからです。

　選ばれた４色に１組でも補色関係の色の組み合わせがあればよいのですが、ない場合は、５枚目を加えて補色を作り、心のバランスを保つ色を知ることができます。そして、解決策を導きます。

　補色の関係を作り出す色から導き出された答えを、ＷＡＴＣＨセラピーでは、「納得解」と呼んでいます。本当の「解決策」とは、あなた自身が納得して未来に進むことができるものだからです。

「納得解」はあなたが「そうだ!!」と自分で納得して出した答えのことです。ＷＡＴＣＨセラピーは、ストレスに対しての一般的な解決策、つまり「正解を出す」ためのものではありません。あなたが納得する答えを出すためのものです。補色のない状態は、正解であってもあなたの納得解ではないのです。

「あなたにとっての納得解」でなければ、自分から前に進もうという気力が湧いてこないからです。

　ＷＡＴＣＨセラピーでは、「解決解」と「納得解」を分けて考えます。「解決解」とは、一般的あるいは社会的に「この解決方法なら間違いない」とか「標準はこの解決策ですね」というものです。また、「納得解」とは、一般的には「それでいいの？」という内容であっても、あなたが納得して「これがいい！」と思う答えです。

　たとえば、非常に優秀、しかも、家は代々続いた医者の一家。そんなあなたが東大の医学部に合格したとしましょう。しかし、あなたが本当にやりたいことは、小劇団で演劇をやること！

　この場合、一般的な解決策は東大に行くことです。しかし、本人の納得解は演劇をやることなのです。このような場合、ＷＡＴＣＨセラピーではどちらかを捨てるのではなく、「あなたが満足する方法は？」と質問していきます。

## Column 3　納得解を見つけると、ストレスがプラスのパワーに

　他の人に、あなたの問題の解決策を出してもらっても、それはあなたの求めている納得解でしょうか。

　そうではないはずです。なぜなら、あなたの答えはあなたしか出せないから。

　過去や未来に無意識に左右されて、人は答えを出します。あなたと他の人は過去も未来も異なるのですから、当然、他人が出した答えはあなたの答えではありません。占いなども含め、他の人は方向を示してくれます。しかし、最後は自分で解決策に気づかなければ、結局、他人の考えに流されて生きるだけの人生です。

　「女だから、男だから、母だから、年だから、お金がないから、能力がないから」「○○がしてくれないから」……などという理由であなたの問題の解決を遅らせ、あなたの納得解を見失わないでください。

　今ある現実は、あなたの人生そのものです。その中で前向きに、素晴らしい未来に進むために人生を工夫してこそ、納得解が得られるのです。

　人生の終わりに「私の一生は一体何だったの？」という後悔の念を残さないで！

　「自分の人生を納得して生きた！」といえるようにしていただきたいと思います。

　そのためには、自分自身を知り、そのときどきのストレスをうまく切り抜け、それ以上に未来の幸せを引き寄せる方法を知りましょう。

　ＷＡＴＣＨセラピーを使って、あなたの脳から教えてもらいましょう。

## さらに実現を加速する3つのアイテム ①A（アロマ　Aroma）

感情脳にダイレクトに届くのは嗅覚です。色と香りを、色彩心理と精油の心理効果に結びつけ、香りを嗅ぐことで嗅覚を刺激し、効果をさらに強化させています。未来の実現を加速する香りの作り方もご紹介します。

## A；WATCHアロマフレグランスとは

　色彩心理と精油の心理効果を応用し、「嗅ぐだけで色の心理効果が脳に届く」ように調香されたアロマフレグランスです。10色のアロマフレグランスは、カラーワードと結びついているので、たとえば赤の香りが好きなら、赤のカラーワードが好き、嫌いならそのカラーワードが嫌いということがいえます。

　WATCHフレグランスは一般のフレグランスに比べ、10色のカラーワードのイメージを非常に強く（0.2秒以内に）、大脳辺縁系の情動や記憶の部分に伝えるということです。

　ここで、「嗅ぐだけで色の心理効果が脳に届く」ように調香されているとはどういうことかについてご説明しましょう。

　アロマオイルは、数十から数百の有機化合物で構成されています。その中で、特に特徴的な成分があり、アロマオイルの性質を構成しています。この性質は、有機化合物の「官能基」によって決定されます。同じ官能基を持つ化合物は、共通する化学的性質を持っています。代表的な官能基として、アルコール、ケトン、カルボン酸、アミン、エーテルなどがあります

　たとえば、紫のカラーワードに「鎮静作用」があります。そして、ラベンダーのアロマオイルに含まれる有機化合物の酢酸リナリルやリナ

ロールにも、「鎮静作用」があります。ですから、紫のWATCHフレグランスには、ラベンダーが含まれています。

　このようにして、カラーワードの作用に当てはまるアロマオイルの成分を、一つ一つ書き出し、その成分が多く含まれているアロマオイルを数種類選び出して調香しています。

　感情脳（大脳辺縁系）にダイレクトに届くように、天然100％の精油を使用しています。保存料、香料、着色料、合成化学物質は一切使用しておりません。香りがフレッシュなまま脳に届いて持続するように、香りの持続時間を1〜3時間になるように調香しています。

## WATCHアロマフレグランスでできること

「常識や他人の目を気にしないで、あなたの本音を聞かせて！」
「あなたが、今死ぬとしたら、本当にやってみたいことは何？」
「なにも束縛がなかったら、あなたは何をしたいと思う？」
「あなたがやろうとしていることは、本当にやりたいこと？」

　そんな問いかけに、WATCHアロマフレグランスが答えてくれます。これは、WATCHアロマフレグランスが、記憶、感情の大脳辺縁系にダイレクトに届いて、あなたの感情を表に出してくれるからです。香りから知るメッセージや、感情の無意識の部分を言葉にしていくのがWATCHアロマフレグランスです。

　気づいていない、心の声（感情）が言葉として現れたとき、人は本当の自分を知ります。暗闇の中で見えなかった本当の自分の心を知ると、人は「救われた」と感じ、「自分を取り戻した」と感じるのです。

　このWATCHアロマフレグランスでは、自分の本当の心（感情）を知ることができます。自分のしがらみがはずれ、素直な感情が現れます。そして、「本当にやりたいこと」を探すことができます。

# WATCHアロマフレグランスの使用法

　WATCHカラーワードの実践（61ページ）で選んだカラーのフレグランスを嗅いで、好きな香りの順に番号をつけ、その中から、①よい香り　②嫌いな香り　③香りがしない　などに分けます。

## ①よい香り

　あなたにとって、気持ちが前向きになる事柄です。
例）１枚目の赤……あなたの本質が喜ぶことをすることが大切ですね！

## ②嫌いな香り

　あなたにとって、気持ちが落ち込む事柄です。頭では「やらなくては！」と思っていても、長続きせず、続けると途中で苦しくなります。
例）２枚目の黄色……ストレスの色ですが、やっぱりいやなんですね！

## ③香りがしない

　あなたが現在その中にどっぷり漬かっている。あるいは、無意識でやっている状態のときに、「におわない」という状態になります。
たとえば、ラベンダー畑にいるとラベンダーの香りにマヒし、目をつむってラベンダーを差し出されても、匂わないことがあります。
　これは、嗅覚の特殊性の一つである、「匂いに順応しやすい」ということが原因です。これは動物である人間の、身を守る原始的な手段として組み込まれている脳力です。この脳力は、すばやく敵を見分けるために備わっている大切な力です。「WATCHアロマフレグランスが、色彩心理に基づいて調香されている」ため、あなたが心理的にその色の状態になっていると、その色の香りが全く匂わない、あるいはほとんど匂わないという状態になるのです。

# WATCHアロマフレグランスと調気法

　WATCHアロマフレグランスは、「自分だけの前向きになれる香り」

を調香することもできます。また、選んだ色の中で、一番よい香りを嗅ぐだけでも気持ちが前向きになります。

　香りを嗅ぐ方法として、「調気法」を行います。調気法は、ストレスケアにも使われる「自律訓練法」を応用したものです。

　調気法とは、呼吸と一緒にアロマの香りを、嗅神経からダイレクトに感情、記憶の脳である大脳辺縁系に送るための呼吸法です。

　あなたが選んだ4～5枚の色から一番好きな香りを選択し、吸入法で直接脳に作用させます。

　アロマフレグランスを、カラーワードと組み合わせることで、言葉が幸せな感情と結びつき、気づきが持続します。その結果、行動に迷いがなくなります。また、毎日フレグランスを嗅ぐことで、自分に必要な言葉と結びつき、行動が加速します。

## ●用意するものと場所
・カラーワードでセレクトしたカラーのＷＡＴＣＨアロマフレグランス
　（よい香りと感じたもの）
・ガラス容器
・静かな環境

## ●調気法
①目を閉じます。選んだ色の幸せなイメージや色そのもの、あるいは心に残った言葉など、あなたがワクワクする気持ちになるものを思い浮かべます。

②肩の力を抜きます。一度お腹を膨らませるように大きく息を吸ってみましょう。吸いながら顔を上げ光が入ってくるイメージをもちます。

③今度はお腹を凹ましながら息を吐きます。息を吐きながら自分のストレス・マイナーな気持ち、ストレスの色も一緒に吐き出しましょう。

④ガラス容器にフレグランスを2～3プッシュします。

⑤③の要領で息を吐きます。

⑥④の容器を鼻に近づけ、②の要領で香りを吸います。

⑦幸せな気分になるまで繰り返します。そのときの気分で回数は決めませんが、3〜4回、香りがなくなるまで行います。

⑧フレグランスは持ち歩き、気分が落ち込んだり、気持ちが疲れたとき、もっと前向きになりたいときなど、いつでもどこでも行いましょう。

　フレグランスには、光毒性のある精油が入っているものもありますが、WATCHアロマフレグランスは直接皮膚につけませんので、神経質になる必要はありません。しかし、妊産婦、既往症の方、高齢者、幼児などにはやはり注意が必要です。どのような場合でも、気分が悪くなったときには使用を中止してください。

　WATCHアロマフレグランスはたったの0.2秒で、感情脳である大脳辺縁系に届き、気持ちを前向きにし、ストレスを軽減します。

　ストレスを感じたら、WATCHアロマフレグランスで、あなたの「ストレスモード」を「幸せモード」に切り替えましょう。

　人間はストレスを受けて10〜15分後に身体に症状として現われるといわれています。身体にストレスが現れる前に、WATCHアロマフレグランスをスプレーすることで、ストレスケアが期待できます。

こんなときにお使いください。
- ・ストレスで落ち込んでいるとき
- ・望む未来の実現を強く願うとき
- ・あなたのまわりの環境を瞬時に変えたいとき
- ・決心や行動を持続させ、目標を達成したいとき

　また、WATCHカラーワードを考慮して調香していますが、もちろ

ん断定するための香りではありません。しかし、ほかのフレグランスに比べて、カラーワードが脳でイメージできる傾向は強くなります。そして、カラーワードが示す内容から、「感情的にはどうなのか」がわかるのです。つまり、カラーワードとアロマフレグランスを組み合わせることで、WATCH カラーワードで「やらなくちゃ！」と脳にいい聞かせても、WATCH アロマフレグランスで「感情的にはやりたくない」がわかるということです。例をあげます。

　A子さんは彼と別れると決めました。優しいけれど、収入がない。そんな彼と一緒にいることが不安だったからです。でも別れると決めた解決策の香りがいやだとしたら、「彼と別れなくちゃ！」という解決策を出しても、感情では「別れたくない」ということです。

　A子さんは、この感情を無視して彼と別れたら、「別れたことを後悔する」ことになるのです。

　この例のように、人は感情を無視して頭だけで結論を出すと、後悔することになります。WATCH カラーワードでは鮮明にならない感情の部分が、WATCH アロマフレグランスで現れるのです。

## さらに実現を加速する３つのアイテム ②Ｔ（トリートメント Treatment）

　手は、脳の感覚野と運動野の1/3を占めています。残り1/3は、顔、そして首から下の部分です。手を癒やすことは、脳の感覚野と運動野の1/3をリラックスさせることにつながります。ハンドトリートメントの理論とともに、セルフハンドトリートメントの方法もお伝えします。

### 触覚を通じて脳の感覚野、運動野と脳幹に癒やしや刺激を与える

　ＷＡＴＣＨトリートメントには、ハンドトリートメントと、禅トリートメントがあります。

・ＷＡＴＣＨハンドトリートメント
　脳の大脳皮質の感覚野と運動野に作用。
・ＷＡＴＣＨ禅トリートメント
　ハンドで脳の大脳皮質の感覚野と運動野に、フットで脳幹部分に癒やしを与える。

### ＷＡＴＣＨハンドトリートメント

　手は脳（大脳皮質）の感覚野と運動野のそれぞれ1/3を占めます。次ページにご紹介した、ペンフィールドの脳機能地図を参照していただくとおわかりになるように、脳の感覚野と運動野に身体のどの部分が関係しているかを示した図です。ここで大切なのは、脳の感覚野と運動野が占める割合は、手が首から下の身体全部と同じ面積だということです。

　つまり、手を包み込むだけで、首から下の身体全部を包み込んだと同

じ刺激が、脳の感覚野と運動野に届くということです。このペンフィールドの脳機能地図を応用して、脳の感覚野と運動野に癒やしの刺激を与えるのが、ＷＡＴＣＨハンドトリートメントです。感覚野と運動野を同時に刺激する手技です。

　ＷＡＴＣＨハンドトリートメントは手の感覚神経と運動神経に作用する手技を行うことで、脳の１/３の感覚野と運動野をリラクゼーションさせるものです。

## ペンフィールドの脳機能地図

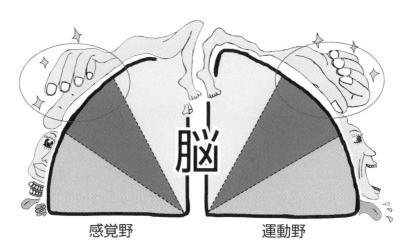

感覚野　　　　　　　　　　運動野

# ＷＡＴＣＨハンド理論

　感覚野に対しては、①温かい②密着を考慮して行います。

　運動野に対しては、以下の手の解剖学から、関節、手の骨格などを考慮した手技を行います。

●関節

**蝶番関節**

ノートパソコンの開閉や、ドアの金具のように一定方向の曲げ伸ばししかできない関節をいいます。ですから、最も良く動く部位は指の側面になります。

### 蝶番関節（一軸性）

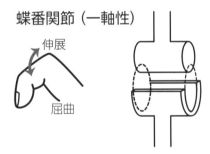

**鞍関節**

母指 ( 手根中手関節 ) のみ 。前後・側方に動きます。この働きで物を摘まむことができます。

### 鞍関節（二軸性）

## ●骨格と筋肉

### 手の骨格

大きく、手根骨、中手骨、指骨に分類されます。手根骨は8個あり、母指側から、①舟状骨②月状骨③三角骨④豆状骨⑤大菱形骨⑥小菱形骨⑦有頭骨⑧有鈎骨となります。また、指骨は基節骨、中節骨、末節骨に分かれます。

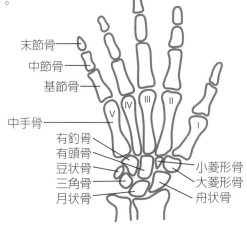

### 手の筋肉

手の筋はすべて手のひら側にあり、屈曲するように働きます。手背側には伸筋の腱があります。母指側の筋は母指球を小指側の筋は小指球を作ります。

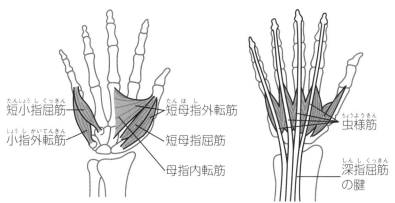

## WATCH 禅トリートメント

　もう1つ、触覚に作用するものとして、フットを加えたトリートメントも行っています。この、「WATCH 禅トリートメント」を行うことで次のことが可能になります。

・必要なものが見えてくる。
・不必要なものを排除することができる。
・困難に向かっていける信念が得られる。
・本来の自分の姿が見えてくる。

　WATCH 禅トリートメントメントは、ハンドとフットを合わせたものです。ハンドトリートメントで、大脳皮質の感覚野と運動野の各 1/3 のリラクゼーションを促し、脳の不安からくるネガティブな気持ちをブロックします。
　また、フットで脊髄神経から脊髄を経由して、中枢神経（脳幹部分）に直接アプローチし、「脳全体」をリラクゼーションさせます。このフットのアプローチで、脳波が、ストレス状態の$\beta$波の状態から、一気に集中力を増すミッド$\alpha$波の 10Hz が出現します。またその後、瞑想状態の脳波といわれる、スロー$\alpha$波 7.8Hz も出現するのです。
　寒く、つらい環境の中で座禅をして瞑想状態になろうとしなくても、ベッドに寝ているだけで、20 分以内に脳が瞑想状態（$\alpha$波 7.8Hz）になることができます。

## WATCH 禅トリートメントで、脳全体をリラクゼーションする過程

①ベッドに横たわる……小脳のリラクゼーション
②WATCHフレグランスを嗅ぐ……大脳（辺縁系）のリラクゼーション
③WATCHハンドトリートメントを行う……大脳（皮質）のリラクゼーション

④WATCHフットトリートメントを行う……中枢神経（脳幹）のリラクゼーション

WATCH禅トリートメントはWATCHセラピーの最後や、「悟りの境地」になりたいとき、迷いを取り除きたいとき、あるいは「自信を取り戻したいとき」に行うと効果的です。

## セルフでのWATCHハンドトリートメント

WATCH禅トリートメントでは究極のリラクゼーションを得ることができます。しかし、自分ではできません。ここでは、自分で手軽にできる、セルフハンドトリートメントをご紹介します。

「ありがとう」「うれしいね」「毎日お疲れ様」など、あなた自身に声をかけながら行ってください。

感覚神経と運動神経にダイレクトに届くように工夫されています。また、手のひらの圧迫などの「自律調整法」の要素も取り入れた、ストレスケアのセルフハンドトリートメントです。

### ●WATCHセルフハンドトリートメントのポイント

①手首には、合計8個の骨があります。その8個の骨すべてから、神経が出ています。ですから、手首は神経の集まりです。

ゆっくり、温かい手で手首を握るようにトリートメントをしましょう（感覚神経、運動神経）。

②指先と爪の部分は、知覚神経（感覚神経）が多く分布しています。少し痛気持ちよい圧で、圧迫しましょう。

③手背の骨と骨の間（中手骨）の筋肉は、強く感じるくらいにさすってください。脳の運動野に刺激を与えます。

④右と左の手のひらを密着し、身体が温かくなるのを感じましょう。

⑤いつでも行えます。何もつけなくても大丈夫ですが、マッサージクリームやオイルをつけて行うと、手も美しくなります。

# セルフハンドトリートメントの手順

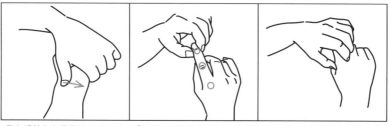

①右手首を左母指で、ゆっく
り軽擦（1、2、3と数え、
3回）。

②右指の節の部分を、左の母指と示指（人差し指）ではさん
で圧迫する
（母指2か所、ほかの指は3か所）。

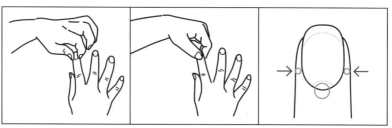

③爪の側面と、爪の根元を圧迫する。

●注意点
傷があるときや、発疹、皮膚病があるときは中止しましょう。

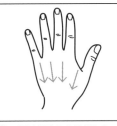

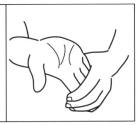

④手背の骨と骨の間の筋を、母指で同じ部位を小指側から
3回強擦（4か所）

⑤手のひらを上にして、反対の手で四指を持ち、反るようにのばす（1、2、3、4、5と数える）。

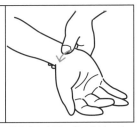

⑥左右の手のひらの膨らみを合わせ、握りしめる（手が温かくなってくる）。

⑦⑤⑥を交互に繰り返す。3回行う。
⑧手首のしわの部分をゆっくり1、2、3と、3回軽擦する。右手が終わったら、左手を行う。

## Column **4**　手と足のトリートメントで悟りを開く！？

　2019年7月に、3日間で22人にWATCH禅トリートメントを行い、脳波測定を行った結果、驚くべきことがわかりました。

　なかなか現れないといわれている大脳の右脳と左脳のバランスをとる脳波現象（コヒーレンス）がたった20分以内に現れ、同時に脳力が開花するといわれる脳波（ミッドα波10Ｈｚ）と禅僧が悟りを開くときに現れるといわれる脳波（スローα波7.8Ｈｚ）が、トリートメント前の2〜3倍になることが19人（86％強）に確認されたのです。また、トリートメント前後で香りの感じ方にも変化が現れました。

　これは、脳の感情と意識のバランスがとれ、感情だけに頼らず、未来に向かってやるべきことが明確になり、その結果、自ら、「やらなくては！」と脳が認識したことを表しているのでは？と想像されます。

　また、睡眠時に現れるδ波も非常に高くなったのです。δ波とは、脳がリラックスしているときに出現する脳波です。ちなみに、身体のリラクゼーション時にはθ波が出現します。

　このことから、WATCH禅トリートメントで、脳が瞑想状態になっただけでなく、脳自体が休息状態つまり、癒やされた状態になったこともわかりました。

## さらに実現を加速する３つのアイテム ③Ｈ（ハーブ　Herb）

味覚を癒やすハーブティーですが、ハーブティーも 10 色のカラーワードの効能に合わせています。温かいハーブティーを飲むことで、ストレスをケアする副交感神経も高まります。

## ストレスケアの副交感神経とは

温かいハーブティーは自律神経の副交感神経に働きかけ、ストレスをケアする効果があります。自律神経にはストレスに立ち向かっていく「交感神経」と、ストレスをケアする「副交感神経」があります。

●副交感神経を活性してストレスをケアする方法

1. 身体を温める。
2. 胃の中に温かいものを入れる。
3. ゆっくりしたリズムでマッサージする。
4. 楽しいことを考える。
5. 五感を活性する ( 視る、聞く、触れる、味わう、嗅ぐ) など。

胃腸の中に温かいハーブティーを入れます。ここで、**①胃腸　②温かい**　ことがキーポイントです。

そして、身体の中に自分が求めているカラーブレンドのハーブティーで満たされたというイメージを持ちます。

これにより、交感神経優位の状態から副交感神経優位の状態を作り出します。

## 交感神経と副交感神経

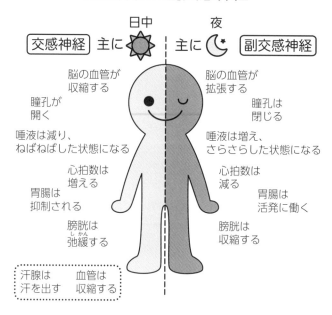

脳の血管が
収縮する

瞳孔が
開く

唾液は減り、
ねばねばした状態になる

心拍数は
増える

胃腸は
抑制される

膀胱は
弛緩する

汗腺は　　血管は
汗を出す　収縮する

脳の血管が
拡張する

瞳孔は
閉じる

唾液は増え、
さらさらした状態になる

心拍数は
減る

胃腸は
活発に働く

膀胱は
収縮する

# WATCHハーブティーと腸整法

　腸整法とは、「自律訓練法」を応用したものです。胃に温かいハーブ
ティーをゆっくり入れるように飲みます。そのとき、カラーのポジティ
ブな液体が身体に入ってくるイメージを持ちます。副交感神経を優位に
する方法です。

### ●腸整法

1. WATCHカラーワードの実践（61ページ）でカラーを選択し、ハー
　ブを選択する。
2. ハーブをポットに入れる。
3. ハーブの入ったポットに沸かしたてのお湯を注ぐ。
4. すぐ3分計をセットし、ハーブのエキスが抽出されるように、ポッ

トを1分程振り、そのまましばらく（2〜3分）おく。

5. カップにハーブティーを注ぎ入れる。

＊カップは温めるとハーブティーがなかなか冷めず、腸整法ができない
ので、カップは温めない。


●飲み方

　ゆっくりとハーブティーを胃の中に流し入れましょう。そのとき、自
分の望む未来をイメージします。幸せな未来をイメージしながら飲みま
しょう。未来をイメージすることが大切です。

　イメージは願望の二乗に相当します。自分がなりたい幸せな未来をき
ちんとイメージしましょう。そうすれば、今やるべきことが見えてきます。


# WATCHハーブティータイムで、ありのままの自分になる

　これは、あなたのためのハーブティーです。

　ほかの人のためではなく、「自分のために」美味しいハーブティーを
いれてください。

「自分のためだけに時間を使う」……簡単そうで、実はとても難しいこ
とです。だからこそ、あなたには、このハーブティーが必要なのです。


　一番自然で楽な自分になりましょう。何かをしよう！などと思わない
でください。何もしなくていいのです。まず、ゆっくりと深呼吸して、
自分にとって一番うれしいことだけを考えてください。

「あなたのカラー」を使って自分自身を癒やします。他人のためではな
く、あなたのために「カラー」を使いましょう。いつも「あなたのカラー」
を身近に置きます。


　目を閉じて、ゆっくりと深呼吸してみましょう。そして、自分の進も
うとしている「幸せな未来」をイメージしてください。

　イメージの力は意志の二乗に相当します。

　……ほんの1分でかまいません。毎日、「あなたのカラー」を意識し

ます。生活の中に、少しずつリラクゼーションの時間を加えていきましょう。心と身体がリラックスしてくると、自分に合っていないものや、心や身体が求めていないものが自然に見えてきます。

何もしなくていいのです。
「何かをしなくては！」などと思わず、「今のあなた」を感じてください。そして、大切にしてあげましょう。あなたは、ほかのどこにもいない、かけがえのない存在です。ありのままのあなたがいいのです。

ありのままのあなたを大切にしましょう！

## Column5　イメージが大切

脳は、現実と想像（イメージ）を区別することができません。

たとえば、Bさんが実際パリに旅行しなくても、パリに行ったように旅行のイメージを細かく思い描くと、脳はまるでパリ旅行をしたような錯覚に陥るということです。

ですから、自分の願望が叶ったイメージを、詳細に強くイメージすればするほど、脳は現実に起こったこととして認識します。それがこれから起こるであろう願望のイメージでも同じです。

タイムマシーンで自分の未来を確かめて来た。自分は願望を叶えていると、現実に起こることとして認識するのです。

いい換えれば、未来の成功をきちんとイメージし、その成功に必要な物を用意していけば、脳はすでに実現していることに向かって、行動を起こしていくということです。

物事を成し遂げるのに、イメージは願望の二乗に相当するほど、脳に与える影響が大きいといわれています。脳の中では、イメージできることは現実に起こることなのです。

第5章

夢を叶える力を
引き出す

# WATCHセラピーが夢を叶える

　色の選択で「自分」を知り、自分の本当の願いがわかったら、夢の実現に向けて行動に移します。解決法は明らかになったので、あとは五感を癒やしてモチベーションを維持するだけ。ここでは実際に、WATCH セラピーで夢を叶えた方、自分の本当の思いに気づいた方の体験談をご紹介します。

## なぜ夢が叶うのか

　WATCHセラピーでは、自分の意識上にあることだけでなく、潜在意識や無意識の領域にあることも明らかになります。自分でも気づいていない本質や自分が本当にしたいと思っていること、苦手だと感じていること、本当はいやだと思っていることもわかるのです。

　これらが見えてくると、自分のしたいこと（可能性）も見えてきます。すると、未来の目標が設定できます。したいけれど「できない」と思い込んでいるのだとしたら、なぜできないのかという「ストレスの本質」に気づくことになります。ストレスとしっかり向き合うことによって、どう解決したらよいかを考えるきっかけができるのです。

　自分自身がわからないために、どう進んでよいのかもわからない状況から、どこに進めばよいのかがわかれば、目標もできます。目標が設定されれば、実現に向けて動くことができます。解決法はすべて自分の中、「脳」にあります。自分の「脳の力」で夢を実現することが可能となるのです。

　ここで、私のクライアントで、自分自身では「絶対無理！」と思っていた夢を実現した陽子さんのお話をご紹介します。自分の夢に気づくこと、目標を具体的に設定することで、彼女がどのように夢に近づいていっ

たのかがよくわかると思います。

## 答えはすべてあなたの中にあります

# WATCHセラピーで夢をかなえた陽子さんの話

　陽子さんは、小4の男の子と小2の女の子のママ。営業職のご主人と、お姑さんという家族構成です。パートで仕事をしています。

　将来の夢は海外旅行だけど、毎日の生活で精一杯。海外旅行なんて絶対に無理！　そんな陽子さんに「気づきのカルテ」を書いてもらいました。「気づきのカルテ」を記入していくと、今のストレス、なりたい未来、ストレスを乗り越える方法までわかります。

　「旅行に行くならどこに行きたい？」と聞いたとき、陽子さんは「どこでもいいわ！　でも、おばあちゃんはご飯も炊いてくれないし、主人は全く育児に協力してくれないし、子どもには手がかかるし……」
　「旅行なんて行けるわけないじゃない！　……宝くじでも当たらないかぎり……」といったのです。

　それでも陽子さんは、「気づきのカルテ」を書きながら、未来に、「ハワイに行く！」と決めました。目標が決まったので、内容も具体的に決めます。ハワイには1週間滞在し、行くなら豪華に!!　旅行費用は、60万円と決めました。
　そして、毎月5,000円のハワイ貯金を始めました。さぁ、これで10年後には必ずハワイに行ける！と約束されました。

　「10年後にハワイに行く！」と決めて、定期貯金をスタートしてから、陽子さんの考え方や時間の使い方、家族への接し方が変わっていきました。まず、子どもたちにご飯の炊き方、洗濯機の使い方を教えました。お姑さんには、「コンビニ弁当もおいしい！」と教えました。ご主人には、陽子さんが1週間留守にしてもなんとか生活できる方法をゆっくり教えていきました（夢の実現までは10年ありますから）。
　また、お姑さんには「友だちとの旅行」を積極的にすすめました。お姑さんに先に旅行に行ってもらえば、旅行の話も切り出しやすくなるか

らです。家族をほめて、やる気を出させました。

すべて自分が1週間ハワイに行くための準備です。

さらに、陽子さんはことあるごとに、インターネットでハワイの観光スポットやレジャーを検索し始めました。

「水着を着るんだからダイエットしなくっちゃ！」

「このパンケーキのお店と、このカクテルを出すバーには絶対に行かなくっちゃ！」

むだ遣いもしなくなりました。

「ハワイに行ってから買うんだ！」と思うと、そんなにほしいものがなくなったのです。

そんな陽子さんの変化をまず娘さんが感じて、「お母さん、そんなにハワイに行きたいんだー」といい出しました。そして、「大丈夫だよね！おばあちゃん。お母さんがハワイに行っても！」などと、お姑さんにまで、いい始めたのです。

やがて、1年と3か月後、ついに陽子さんはハワイ旅行を現実のものにしたのです（1年間、アロマ、トリートメント、ハーブティーも活用)。

「あれがあるからできない」「自分には絶対無理」と、できないことを探す毎日から、「〇年〇月に△をする！」と決めることで、夢は現実の目標になります。目標のために何をしたらよいかを考えたときから、脳の力が開花し、行動は加速します。

WATCHセラピーで、陽子さんは夢を現実にしたのです。

## なぜ夢が叶ったのか

　10年先の夢がたった1年3か月で叶ったのはなぜでしょうか。陽子さんの場合は、①金銭面では、毎月5000円の貯金をする　②生活面では、子どもたちとご主人に家事を教える　③心理面では、お姑さんに旅行をすすめるなどの対応策をとる　など問題の解決に努めたことが大きいと思います。目標を定めることで、すべき行動がみえてくるのです。さらに、アロマやハーブティーなどで、未来（ハワイ行き）をイメージしてモチベーションを上げ、行動を加速させたのも、夢の実現の早期化を促したのです。

　もう少し、WATCHセラピーを通じて、本当の自分を知った人、夢を叶えた方々の声をお届けしたいと思います。さまざまな人のさまざまな願いが、WATCHセラピーによって叶うことをおわかりいただけることでしょう。

## ［体験談］ 人生の決断ができました（HN様）

　私は、ＷＡＴＣＨセラピーで気持ちを整理でき、自分で前に進むきっかけをもらいました。

　長年務めていた美容室を辞められずに悩んでいたとき、突然腰の激痛に襲われ、歩くのも困難になってしまいました。病院に行き、脊柱管狭窄症と診断され、しばらく美容師の仕事を休むように病院の先生からいわれました。

　忙しいお店だったので、スタッフが１人いなくなるだけで大打撃です。それもあって、なかなか辞められずにいたのですが、信頼していた店長に腰のことを伝えると「仮病なんじゃないの？　身体の状態を連絡して」といわれるだけ。これまで一生懸命働いてきたのはなんだったのかと、虚しくなりました。

　腰の痛みを我慢しながら、やっとの思いで仕事を続けていたとき、ＷＡＴＣＨセラピーと出会いました。カラーワードやフレグランスによって、今の仕事が自分にとってストレスであること、自分のなりたい未来は今の延長ではないことなどがわかったのです。これが、これからの人生を考えるきっかけとなりました。

　それによって長年務めた美容師の仕事を辞めました。未来のやりたいことに目を向けることができたのです。今は、目標実現に必要なパソコンスキルのために、事務の仕事をしながら週末はヘアメイクの仕事をしています。

　ずっと悩んでいたのに、ＷＡＴＣＨセラピーと出会ってたった２か月で、人生の決断ができました。あのとき、ＷＡＴＣＨセラピーに出会わなかったら、今も腰痛を抱え、なんの目標も持たずに、義務感だけで働いていたかもしれません。

　あんなに痛かった腰痛も、うそのようになくなりました。ＷＡＴＣＨセラピーに出会えて、どんどん成長している自分を実感しています。

## ［体験談］何も聞き入れなかった次男が
## 　　　　自分から勉強を始めました（ＴＳ様）

「左手で３つ取ってみて！」この一言が、ＷＡＴＣＨセラピーとの出会いです。もともとネガティブ思考の私を、ＷＡＴＣＨセラピーの気づきが助けてくれました。

　ＷＡＴＣＨセラピーのカラーが教えてくれる、わたし自身も知らなかった自分の思いに勇気づけられ、少しずつですが、前向きな気持ちになっていきました。自分にも、なりたい自分になれる可能性はある。だから、がんばろう、やってみようという気持ちになれたのです。

　わたしのネガティブな態度は子どもとの関係にも影響を及ぼしていました。「そんなことできるわけがない」「やるだけムダ」。そういった発言で、子どもたちの思いを否定してきたのです。

　今なら変えられるかも……と、わたし自身がＷＡＴＣＨセラピーを学ぶことにしました。

　そして、次男にＷＡＴＣＨセラピーを行いました。次男は、自分で選んだカラーから本当の思いに気づき、自分が抱えている乗り越えるべきストレスと向かい合いました。

　すると、将来必要になるからと、これまで何度話しても聞き入れなかったのに、前に進むために必要！と次男自身が気づき、言葉にしたあと、すぐに英会話の勉強を始めたのです。

　びっくりしました。自分のこと以上にうれしく思いました。ＷＡＴＣＨセラピーで、自分だけでなく、家族にまで幸せが波及し、わたしの周囲が動き出している気がしています。

## [体験談] トランスジェンダーとして、
##    ありのままに生きる決意ができました（ＳＹ様）

　わたしは、幼少期からおとなしい性格で、いわゆる男らしい性格ではありませんでした。その頃から自分自身について、いろいろ違和感を感じつつ悩んでいました。成長期や思春期になっても、その違和感は治まらず、男性であることに嫌悪を感じ、朝起きたら性別が変わっていればいいのに、と思っていました。

　当時は、トランスジェンダーという認識がなく、「自分は一体、何なんだ？」と思いながら、なんとか世の中に溶け込もうとしていました。

　そんな人生を過ごしていくうちに、自分らしく生きることができなくなってしまったのです。

「このままではいけない、自分らしく生きよう」と、第二の人生に向けて行動し始めたときに、ＷＡＴＣＨセラピーと出会いました。

　これからの人生をどうしたらよいか、ＷＡＴＣＨセラピーのセッションで次のようなことがわかりました。

　　・自分自身が、何を考えているか、自覚できる。
　　・これから何をやりたいか、明確にわかる。
　　・今、自分がやろうとしていることに対して、どのくらいの目標を
　　　持って本気で取り組もうとしているかがわかる。

　そこから、具体的な解決策も出てきました。

「自分自身を偽らない、ありのままの自分でいられる！」と、人生が楽しみになりました。

　今私は、ＷＡＴＣＨセラピーで、私らしい人生を前向きに進むことができています。

## ［体験談］ＷＡＴＣＨセラピーでストレスをプラスに変え、チャンスをつかみました！（ＨＭ様）

　百貨店の美容部員として仕事に没頭する日々を送っていたわたしに、私の憧れの化粧品ブランドから引き抜きのお声がかかりました。私は、天にも昇る気持ちで転職を決意しました。そんなとき、同僚が病気で急に仕事を辞めることになったのです。私は引き留められ、転職をあきらめざるをえませんでした。

　何か月か過ぎたある日、病気のはずだった同僚から、近況を知らせるメールが届きました。病気で辞めた彼女が働いていたのは、なんと「私の転職予定だった化粧品ブランド」だったのです。

　彼女は、病気ではありませんでした。わたしは、信頼していた仲間に裏切られて人間不信に陥り、虚しい気持ちでいっぱいでした。そんな心のすき間を埋めようと、仕事に役立つ美容の資格を次々に取得していきました。いくつもの資格を取得する過程で、ＷＡＴＣＨセラピーに出会ったのです。

　私の過去の出来事を、ＷＡＴＣＨセラピーで見つめ直しました。「同僚にチャンスをつぶされた」というマイナスな感情に、「人のために自分のチャンスさえもあきらめる素晴らしい人。この素晴らしいところを生かしたら？」と勇気を与えられ、希望の光が差したようでした。

　人のお役に立てることが、自分の喜びであることに気づいたのです。それから、単に資格を取ることが目的ではなく、「人の役に立つために学ぶ」いう考えに変わりました。

　そして、ＷＡＴＣＨカラーとメイクアップを組み合わせた「ＷＡＴＣＨメイク」を開発しました。今は皆様に、ＷＡＴＣＨセラピーで選んだカラーを生かした、「内面から輝けるメイクアップ」を提案しています。

　ＷＡＴＣＨセラピーでは、「ストレスをプラスに変え、望む未来を実現する」ことができます。

　ストレスで強いほどパワーアップできる！のです。

　今は、ＷＡＴＣＨセラピーに出会わせてくれた同僚に感謝しています。

## あなたの可能性は無限大

何を信じて生きたらいいのか……。

誰の声に従って行動したらいいのか……。

あなたは今、そんな不安の中にいるのではありませんか？

世の中が大きく変わり、少し前までの「よい」が「悪い」になったり、「価値がない！」が、「宝だ！」といわれたり……。

光の速さで流れる、洪水のような情報の中で、何を受け取り、何を捨てるか。つかまえた！と思った幸せが、もう、手からこぼれ落ちている。

こんな時代だからこそ、幸せな人生を送るための「あなたの基準」が必要になってきます。

でも、大丈夫!! 「幸せな人生を送るための基準」は、あなたの中にあるのです。それは、あなたの脳に隠れている、美しい記憶やワクワクする感情。これがあなたの「幸せな人生を送るための基準」になります。

あなたが悩んでいるときに、この本の「気づきのカルテ」を使って、過去の「美しい記憶」や、未来の「ワクワクする感情」を言葉にしていきましょう。

そして、幸せをつかまえるためにあなたがすることは……。

●幸せな解決策をワクワクして実行するにはどうしたらいい？

●未来を実現するために、何をしたらワクワクする？

と脳に問いかけましょう。

どんな世の中になろうと、あなたの幸せを引き寄せるものは、あなたの脳が教えてくれる、美しい記憶やワクワクする感情なのです。

あなたが前に進むために「あなたの幸せ基準」を使えば、あなたの可

能性は無限に広がります。

　さあ!!　今すぐ、あなたの脳を使って、ワクワクする幸せな未来を見
つけに出かけましょう。

第6章

# カラーが「あなた」を
# 教えてくれる

## カラーが教えてくれるあなたらしさ

　ＷＡＴＣＨセラピーは、自分の心を相手にさらけ出さなくても、解決までたどり着くことができます。それは、色彩心理学と色彩学を使っているため、カラーで心の状態を推測できるからです。

　ですから、あなたは自分以外の人に、自分の心をさらけ出さなくても、選んだカラーの言葉をヒントに、自分の脳からポジティブな言葉を引き出して、自分の心を知ることができるのです。

　153 〜 156 ページのカラーカードを切り取り、３章の要領でカラーを選びます。選ばれたカラーについて、以下の解説を読み、自分の本質を探ってみてください。

　これからご紹介する10色のカラーワードは、色彩心理学に基づいて、カラーを選ぶときの心理状態を、「このカラーを選ぶ人はこんな人」という文章で表現しています。

　あなたが選んだカラー解説を１〜４（５）番目にあてはめてみてください。

1番目……あなたには、こんなステキなところがあります。

2番目……こんなあなたになれたらイイネ。

3番目……未来のあなたはこんなふうになっています。

4、5番目……こんなところを活用してストレスを解決しましょう。

## ■赤

エネルギーあふれるあなた。
どんな困難にも立ち向かっていくあなた。
情熱家で一度決めたら決してあきらめないあなた。
地に足をつけた、揺るぎない行動力。
よく寝て、よく食べて、体力もバッチリ！
人情に厚く親分肌。
生命力にあふれ、太陽のように活力が湧き上がる。
リーダーシップを発揮し、仕事でも成功。
大きなエネルギーで包みこむ包容力。
愛も一途で大胆。
こんなあなただから、思うようにいかないときは、がんこになったり、
自信を喪失したり、無気力になったり、時にはイライラして周囲にあ
たったり……。
でも大丈夫!!　あなたは必ず、デ・キ・ル！！
自分を信じて、そして時には……全部抱え込まないで。周囲の人に任
せてみる。
やってみせて、教えて、任せて、耐えて……う～～～ん！　赤の人
には……難しいね？
緑の人の力を借りるのもいいかも……。

## ■オレンジ

いつも明るく、周囲まで楽しいオーラで包み込むあなた。
人間関係を大切にし、誰とでもすぐ友だちになれる。
さびしそうにしている人がいたら、放っておけない。
頼まれたら、イヤといえない。でも、ギブ＆テイクだよね！！
海外に行っても、言葉が通じなくても、コミュニケーションはバッ
チリ！
楽しいことを皆でするのが、大好き。

人のためなら素晴らしい行動力を発揮する。

あなたの人脈には多くの人がビックリ！

地位や年齢、男女の差ではなく、誰とでも人間的なおつき合い。

恋愛も、もちろん大切。

こんな一生懸命なあなただから、他の人から攻撃されたり、感謝されなかったり、軽い扱いを受けたりしたときには、傷つき、落ち込んでしまう。

自分の力不足を責めたり、悲観的になったり……。

でも大丈夫!!　あなたには、あなたを信頼し、わかってくれる多くの友だちがいる。

自分を信じて、そして……全部抱え込まないで。

あなたは、信念を持って、あなたでなくてはできないことをやる気持ちを持ち続けてほしい。

周囲の人を巻き込んでも、周囲の人に巻き込まれない。

う〜〜〜ん！　オレンジの人には……難しいね？

青の人の力を借りるのもいいかも……。

## ■ピンク

優しさに満ちあふれているあなた。

どんな人にも温かい手を差しのべるあなた。

困っている人がいれば、自分のことをあと回しにして助けてあげる。

あなたと一緒にいると、まるで陽だまりの中にいるみたい。

あなたのまわりはいつも春の優しい光に包まれている。

だから、あなたといると、誰でもホッと素の自分に戻れる。

人の幸せをまず真っ先に願う。

あなたはいつも初々しく若いエネルギーに包まれている。

だから、いつまでもかわいらしい存在。

愛は……「私の王子様」を待っているの？

こんなあなただから、自分が傷つきながらも、ほかの人のためにがんばってしまう。

そんなにがんばらなくていいんだよ！
あなたを思いっきり甘えさせてくれる、人、もの、場所。
そんな中で、たまにはあなた自身をいっぱい甘やかす！　そんなことも大切。
大丈夫‼　あなたの魅力を丸ごと愛してくれる人がいる！
あなたは本当に素敵！　だから自分を信じて。そして、時には休むことも必要。
全部抱え込まないで。周囲の人に任せてみる。まわりの人々が、あなたのような細やかさに欠けたとしても。
う～～～～ん！　ピンクの人には……難しい？
黄緑の人の力を借りるのもいいかも……。

## □クリア

いつも調和がとれ、物事に柔軟性があり、人あたりのよいあなた。
心も身体も浄化され、クリアなエネルギーに満ちているあなた。
「何でも簡単にこなしてしまうんだね！」と驚かれるあなた。
いつも乱れることなく、静かな気持ちで毎日を過ごしたいと願っているあなた。
あなたの博識はちょっと有名。だから、あなたはどんな趣味の話でも、どんな仕事の話でも、相手に合わせることができる。
これって、すごいことだよね！！
心と身体が充実しているだけでなく、好奇心もあり、外見も若々しい。
マニアックな話題から万人に受けのいい話まで、あなたは何でもOK！
感性も理性も同時に充実していて、バランスがいい。
どんなトラブルにも、あなたらしい寛容さと調和をもって、相手に合わせて対処する。
あなたは誰からも支持され、そして自信に満ちている。
でも、何でも簡単にできてしまうことで、興味が長続きしなかったり、一つのことを追究することができなかったり、のめり込むことが見つからなくて、飽きてしまったり……。

皆から注目され、支持を得ているあなただから、相手に合わせて自分の時間や能力を使ってしまう。それはあなたにとって、難しいことではないから。

でも、今やっていることは、本当にあなたのやりたいこと？

大丈夫‼　きっと答えは見つかる。あなたには、他の人を超える能力と知恵があるから。一度自分の過去を振り返り、あなたにとって本当にやりたいことを探してみるのもいい。その答えは、周囲の評価の高さではなく、あなたの心の充実度の高さで選択してみる。

そして、もっと大切なことは……あなたの人生に「断る」ことを組み込んでみる。

「流される生活」から、「自分で目的を持って泳ぐ生活」を選択してみる。

う～～～ん‼　でも、何でも器用にこなしてしまうクリアな人には難しいかな？

## ■ 黄色

知性あふれるあなた。

思慮深く、論理的で、多くの情報を集め、すばやく的確に判断する。

物事の組み立てや段取りがうまく、きちんと論理的に説明できる。

計画的に物事をテキパキと片づけていく。

勤勉で理知的、自立していて、誰からも一目置かれる存在。

仕事は常に完璧を目指す。整理整頓はお手のもの。

しかも、洗練されている。服装のセンスも皆の憧れ。

会話のセンスとユーモアで、社交の場でも人の気持ちをそらさない。

自制心を持った日常生活がスタイルや持ち物にもチラホラ。

未来の自分に対してきちんと準備をしている。

こんなあなただから、思わぬアクシデントで計画が崩れたり、全く見通しが立たなくなったときには、いい知れぬ恐怖心に襲われたり、精神的に混乱したり……。

でも大丈夫‼　あなたには冷静に自分と周囲を見つめる力があるか

ら、自分を信じて、そして時には……全部抱え込まないで、周囲の人に任せてみる。

完璧にできなくても許す、支える、指摘しない。

う〜〜〜ん！　黄色の人には……難しいね？

薄紫の感性や、紫の自己探求力を借りるのもいいかも……。

## ■黄緑

「エッ！　もう行ってきたの！」「さすが早いね！」「どうだった？」

いつも流行をチェックして、周囲に情報を提供しているあなた。

何気ない日常の中で、ちょっとした"楽しい"を作り出すのが上手。

そうだよね！　あなたの毎日には、たくさんのウキウキすることが隠れている。

だって、同じ人生なら毎日をドキドキ、ワクワクして過ごしたい。

大きな変化はなくても、毎日の小さな積み重ねがきっと太い枝になる。

少し不安でも、やっぱり明るい光の方向に歩き出したい。

長続きして、大成する！　そんなことは考えていない。とにかくやってみる。だって、新しいことはいつだってドキドキする！　だから、あなたはいつまでも若く、みずみずしい。新鮮な毎日の連続。

さあ、出発！　人生はこんなに楽しい！　今も、これからもきっと。

こんなあなただから、ワクワクできないことを抱えたり、周囲に押しつぶされそうになったりしたときは、急に不安になったり、毎日が色褪せて見えたり、無気力になったり、時にはイライラして周囲にあたってみたり……。

でも大丈夫！！　あなたは日常の中からキラキラを探す名人！！

ちょっと深呼吸して、新鮮な空気と光を浴びてみて！

そして時には……じっくり情報を集めたり、整理したり、過ぎ去ったことを考えないで、あなたの好きなことを再確認してみる。

う〜〜〜ん！　黄緑の人には……たぶん……大丈夫？

癒やしのピンクの力を借りるのもいいかも……。

## ■緑

隣で眠っている安らかな寝顔や、笑いあふれる食卓、そんな中に幸せを感じるあなた。

いつも身近な人々に細やかな心配りを忘れないあなた。

明日のお天気を皆のために気にかける。

だからあなたといると優しい空気に満たされ、とても安心。

争いごとが嫌いで、自己主張が苦手。

ご近所や職場、そして家庭、あなたがいる場所は、とても穏やか。

あなたはまわりの人々に優しいエネルギーを与え続ける。

あなたといると、森林浴をしているようで、深く安らぐ呼吸ができる。

毎日の何気ない生活に、あなたは小さな喜びを発見できる。

緑のエネルギーを感じて、そして、生活に緑をうまく取り込んでいる。

こんなあなただから、周囲の人々の小さな変化も見逃さず、心配になったり、また、周囲のトラブルや身近な人からの誤解で落ち込んだり、無気力になったり、時には自信をなくしたり……。

でも大丈夫‼　あなたが今まで大切にしてきた生活や人々を信じて！

何よりも、あなた自身を信じて。

そして、一度自分の日常を抜け出してみるのがいい。

う～～～ん！　緑の人には……難しいね？

あなたとの心地よい毎日は、どんな人々の心にも残っていて、必ずあなたの素晴らしさに気づいてくれる。だから恐れないで！

時には赤の人の力を借りるのもいいかも……。

## ■青

澄んだ青い空のように気高く特別な印象を与えるあなた。

常に母のような大きな愛で包み込んでくれるあなた。

誰に対しても固定観念がなく、公正な目で判断してくれるあなた。

過去ではなく、これからを見据えて道を照らしてくれるあなた。

聖母マリアのマントのように、あなたはわたしたちを大きな愛情で包

んでくれる。

あなたの率直な言葉には表裏がなく信頼できる。

あなたは、いつも良心を持って合理的に物事を分析し、そして意見してくれる。

あなたの意見や行動は他の人と同調しない、あなただけのもの。

「あなただけの世界があるね！」とよくいわれる。

「普通」や「皆と同じ」はちょっと苦手。「限定」や「オンリーワン」に引かれる。

皆と交わる必要性を特に感じないあなただから、時に周囲から浮いてしまったり、皆の中にいても、何だか退屈な思いをしたり、虚無感を味わったり……。

でも大丈夫!!　あなたには高貴な雰囲気と特別なオーラが備わっているから。

あなたの素晴らしいところをもっと出してみて！

そして、孤独を感じたときには、あなたからまわりの人々に声をかけてみる。それは相手に合わせることではなく、相手のよいところを見つけてみるということ。

時にはオレンジの人の友人作りのパワーを借りるのもいいかも……。

## ■薄紫

「ねえ！どうしてそれを持っているの？」……そんなこと聞かないで！

だって、なんとなく。しいていえば、この子が「ねえ！私を連れて行って！」と声をかけたから。

理屈ではなく、感性で物事を決定するあなた。

皆からは「ちょっと不思議な人」といわれているかも。

実際あなたには、透視能力や神秘的な力が備わっていると思わせる説得力がある。

あなたの判断基準は、データーや常識ではなく、あなたの直観力。

時には宇宙からのメッセージに従って行動したりする。

だから、他の人にはわからない相手の微妙な心の揺れや悲しみがわかってしまう。

あなたと一緒にいるだけで、現実の痛みが薄らいでゆく。

あなたは、どんな人にでも惜しみなく深い感性で接してくれる。

理論武装した人や、統計や数字で説明されることが苦手。

だって、感性ですでに「わかっている」から。

こんなあなただから、計算と打算の世の中にいて、孤独感を味わったり、きちんとした説明を求められ、どうしていいかわからないさびしさに陥ったり、わかってくれない周囲の人々に無気力になったり、時には説明のつかない空虚な気持ちになったり……。

でも大丈夫‼　あなたは地球を超えて宇宙から降り注ぐ希望の光に守られているから。

あなたらしく感性のままに……見て感じて、聴いて感じて、触れて感じて、香りで感じて、そして味わって幸せを感じる。生活の中で、宇宙の声を全身で感じてみる。

そしてたまには、黄色の人の社会力、計画力、分析力を借りるのもいいかも……。

## ■紫

いつも穏やかで物事に動じない、自分の世界をきちんと持っているあなた。

物事を始める前には、すでに充分な検証と、心の準備ができているあなた。

誰かに相談するときにはあなたの中で答えが出ていて、その答えを確認するだけ。

あなたにとって友人は多くいらない。真の友が１人か２人いれば十分。

相談されることはあっても、自分から人に相談することは、まずない。

人からは、「あなたの考えは深い！」「迷いがない」などといわれる。

思いつきで物事を決めたり、その場のノリで物事を判断したりなんか絶対にしない。

あなたといると、長年修行を重ねたお坊さんといるようで、気持ちが安らぐ。

あなたにとって、たいへんなこと、厳しいことは決してつらいことではない。だって、それは、自分を高めてくれる事柄だと思っているから。ブランド物で身を包むより、心の迷いをなくし、自己の内なる能力を探求する方が楽しい。

こんなあなただから、自分で決めたことがうまくいかなかったり、思いもかけないトラブルに巻き込まれたりすると、ほかの人が考えるより深く傷ついたり、自信を失ったり、無気力になったり、気持ちと行動がバラバラになって、不安から現実逃避したくなったり……。

でも大丈夫‼　あなたには、自分の望むものをきちんと見極める能力があるから。

もし、暗い穴の中で誰にも頼れない、希望の光も見えない！と感じたら、黄色の人の感情抜きで冷静に事務的に物事を処理する力を借りるのもいいかも……。

## 補色と心理作用

　補色は、お互いを高め合う色の組み合わせです。あなたの選んだ
4枚の色の中に補色の関係はありますか？

### ＷＡＴＣＨセラピーの補色

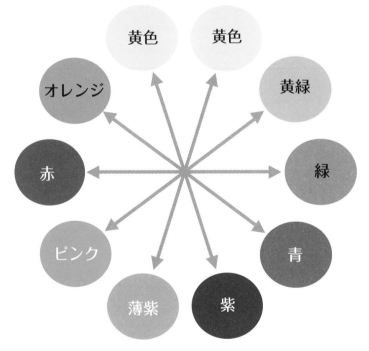

■赤／■緑

　身体の充実と心の充実。

　心身ともに充実することで、自分が今やるべきことが見えてきます。

　緑で身近な人々や自分を支えてくれる周囲の人々と調和し、心を穏や

かにすることで、身体も元気になり、前向きなパワーが湧き上がります。心を穏やかにしてくれる、家族や職場、周囲の人たちを守るために、自ら行動していく力を与えてくれます。

## ■オレンジ／■青
社会性と個人。
人々とのコミュニケーションを大切にしながら、自分だけのスキルを磨く、あるいは、他と交わりながら、自分にしかできないことをやり遂げる力を与えてくれます。多くの人々に囲まれ、必要とされながら、個として、「私は私」という強さを持つ力を与えてくれます。

## ■ピンク／■黄緑
外見の若さと心の若さ。
外見の若さと、内面の若さは、他の人にも影響力を与えます。年齢を重ねても、希望をもって生きる力を与えてくれます。

## 黄／■薄紫
理性と感性／科学的と神秘的。
素晴らしい感性があっても、立ち止まり、未来に必要なものを準備するためには、計画性や物事を整理する力が必要です。
神秘的な力を持ちながら、現実を冷静に見つめる科学的な目も備わった、パーフェクトな力を与えてくれます。

## 黄／■紫
知識と悟り、昼と夜。
明るい光で、表に見えている部分を照らし、「何が不足し、何が必要か」を知ることは大切ですが、内面にも光を当てて、「本当に自分に必要なものは何か」を知ることも大切です。
外見から見えるものと、内面を知ることの両方に力を与えてくれます。

## 色彩心理学と色彩学が教える心のバランスカラー

　選んだカラーの組み合わせに以下のものが入っていたときの、心理的な傾向です。アドバイスも併せて紹介しています。心のバランスカラーで、あなたの心の傾向を知り、パワーアップに生かしましょう。

### ■ピンク・■青・■薄紫……人のために尽くしすぎる組み合わせ

　この３色は人のために尽くすという意味の強い色です。

　この色が、セレクトされた４枚の中に２つあるいは３つ含まれている場合は、自分を犠牲にして他人のために自分の時間を使っていることを現します。習慣になり、あなたも周囲も気づかない場合があります。他人のために何時間も費やすことはあっても、自分のためだけに時間を使うことは少ないのではありませんか？　あなた自身を癒やす時間も作りましょう。

### ■赤・■青・■黄色……パーフェクトな組み合わせ

　この３色で補色を作り出せるパーフェクトな組み合わせです。

　この３色を出した場合は自分で考え、行動し、解決していくことができます。ですから、他の人の助けを必要とせず、パートナーの必要性を強く感じない場合もあり、結婚が遅くなることも。人生には、息を抜く時間や、人に甘える時間も大切！です。

### ■緑・■紫……安定しすぎて、気持ちにワクワク感のない組み合わせ

　苔むした古寺のイメージです。安定した状態が続き、心の平安の中で、何の心配もない状態です。しかし、日々の生活の中でのワクワクやドキドキの新鮮な感覚は薄れています。新鮮な光を生活の中に取り入れることも大切です。少し冒険して新しいことにチャレンジしてみてはいかが

でしょうか。

■黄緑・ 黄色→■緑……経験不足を冷静な分析や計画などで、根を張る木に育てていく組み合わせ

　色彩学ではなく、色彩心理学から導き出された組み合わせです。

　黄緑は光に向かって勢いよく進んでも、若い芽なので、挫折しやすく、すぐあきらめてしまいがちな面を持っています。その弱点を、日の光の黄色の知識、計画性が補い、将来安定した、きちんと根を生やす緑になる組み合わせです。若芽は日光が当たることで、大きな木になります。黄色の資格、計画を意識してみましょう。

■オレンジ・ 黄色→■ゴールド……両色のパワーで光が増し、他者にまで存在感を放つ組み合わせ

　オレンジと黄色を合わせることで、ゴールドと同じ明度になることから、オレンジ…お金、人々の協力と、 黄色…計画、資格などを合わせることで、光が強く輝き、多くの人から認められるゴールドになるという組み合わせ。人脈とお金に、知識、計画性、冷静な判断力が加わることで、大勢の中で光り輝く組み合わせです。

# WATCH カラーワード

「気づきのカルテ」に貼り込みます。コピーをとり、点線に沿って切り取ってお使いください。1枚目、2枚目など選んだ順番と同じ色の数にある文章を、気づきのカルテの空欄に書き込んでください。たとえば、1枚目に赤を選んだ場合は、「赤1」の文章を、カルテの1枚目の欄に貼ります。

## ■赤；太陽、大地、身体、元気

**赤1**
元気だといわれている、リーダーが好き。決めたことは必ずやる、情熱的といわれる。がんばるのが好き。

**赤2**
身体が疲れている、体力に自信がない。リーダーにさせられている。異性に告白したけどどうだろう。自分だけが浮いている。

**赤3**
バイタリティーがある。決めたことを実行してそれが認められている。周囲の人から信頼され、皆がついてくる。性的にも充実。

**赤4、5**
健康面など身体の充実をはかる。個性を生かし、自分で物事を決め、実行する。

## ■オレンジ；たき火、陽気、コミュニケーション、友人

### オレンジ1
友人を大切にし、皆に平等に気を配る。
困っている人を放っておけない。

### オレンジ2
皆によい顔をしてしまう。頼み事を断れずにいる。重宝に使われている。お金が出ている。

### オレンジ3
友人に囲まれ、皆に愛されている。
グループの中で、なくてはならない人になっている。お金が入ってくる。

### オレンジ4、5
自分の心のさびしい部分を癒やしてあげる。そのためにお金を使ってもかまわない。
映画を見る。カラオケに行く。友だちと食事をする。

## ■ピンク；愛、介護、甘え、外見の若さ

### ピンク1
あなたが悲しいときに、必ずあたたかく包んでくれた人がいた。愛情豊か。自分で意識せずに、人の世話を焼いてしまう。

### ピンク2
今、自分をあたたかく包んでくれて、甘えさせてくれる人、環境がほしい。

ピンク 3

愛のある環境の中にいる。若いといわれている。
愛らしい存在になっている。安心の中で心が癒やされている。

ピンク 4、5

無条件で甘えられる場所や人が必要。
心の緊張をほぐす。音楽や香りを身近に置く。

## □クリア；浄化、すべて、完全、決定できない

クリア 1

なんでも器用にこなす。いろいろなことに興味があり、それをきちんとやり遂げる。成績も平均点以上。一つのことに打ち込むのが苦手。

クリア 2

今の生活を一度すべてなくし、新たに考えてみたい。今あれも、これもと手を広げ、収集がつかない状態。

クリア 3

心身ともに充実し、非常に安定した状態。多くの分野に友人を持ち、多方面に活躍している。アイドルのような存在になっている。

クリア 4、5

今の状態をどのようしたらよいかわからない。何も考えず、なかったことにしたい。あるいは心身ともに充実させたい。

## ■黄色；日の光、計画、知識、理性

黄色 1

まず計画を立ててから物事を始める。知的で筋道を立てて考える。
感情や思いつきで物事をすることが苦手。

### 黄色2

勉強、計画などきちんと物事を進めて行かなくてはならない状況にある。整理整頓ができていない。

### 黄色3

キャリアを積み、知的で憧れの存在になっている。将来を見据え、きちんと計画を立て、それを着実にこなしている。センスがよいといわれる。

### 黄色4、5

今の自分に必要な物と、そうではないものを分ける。未来のために計画を立て、そのための勉強や資料を集める。

## ■黄緑；新緑、再生、スタート、心の若さ

### 黄緑1

新し物好き。物怖じしない。流行に敏感。
逆境に弱い。

### 黄緑2

新しいことにチャレンジしようとしているが不安。自分がきちんとやっていけるか不安。

### 黄緑3

心が若いといわれる。毎日がワクワクの生活。新しいことが次々と起こっている。

### 黄緑4、5

新しいことを始めてみる。新しい人、新しい分野などにチャレンジしてみる。

## ■緑；大木、オアシス、調和、心

**緑1**
近所や親戚など皆から可愛がられた。争い事を好まない。あなたがいることで周囲の人たちが穏やかな気持ちになれる。心の安定を求める。

**緑2**
精神的に疲れている。御近所、親戚、両親、兄弟、学校など、あなたのまわりにゴタゴタがある。

**緑3**
職場や家庭、友人などの中で、気持ちがやすらいでいる。いつも変わらず安定した毎日。

**緑4、5**
精神的に落ち着くことをする。家庭や学校で、友人、彼や彼女と、穏やかな時間を過ごす。

## ■青；高貴、空、海、水、母親、聖母マリア

**青1**
オンリーワン、限定品に弱い。普通では手に入らない物、環境、人などが好き。他人の意見には左右されない。

**青2**
自分の考えや生き方を通すことができない。周囲に振り回されている。「母」に関することで悩みがある。

**青3**
優雅に自分のこだわりを持って生活している。母、妻としても完璧といわれている。

## ■薄紫；宇宙、感覚、感性、導き

### 薄紫1
思いつきや「好きだから」で、決めることがある。五感が鋭い。感
性のままに行動しても、間違った方向に行かない。UFOを見たこと
がある。不思議な体験をした。

### 薄紫2
好き、嫌い、面白そう！　占いなど、きちんと物事を考えずに感覚
で重要なことを決めてしまった。無計画に毎日を過ごしていて不安。

### 薄紫3
自分の感性に従って生活をしている。五感が喜ぶこと(よい音、映像、
味など)を中心とした生活。感性が満たされている。

### 薄紫4、5
計画を立てるのではなく、自分の感覚を大切にする。好きな香りを
身近に置く。感性が満たされる生活。

## ■紫；夜、癒やし、自尊心、深いやすらぎ、悟り

> **紫1**
> 友人と集まって騒ぐより、1人のほうが好き。流行の服を買うより、興味のある本や映画など精神面の充実が大切。

> **紫2**
> 落ち込んでいる。プライドを傷つけられることがあった。大丈夫と思っていたことや信じていたことがダメになった。

> **紫3**
> 皆から尊敬され、心のよりどころといわれている。精神的に深い信頼で結ばれた人たちに囲まれた生活を送っている。

> **紫4、5**
> 自分に本当に必要で、内面を充実させてくれるものは何か？を自分の心に問いかける。

# WATCH アロマフレグランス ブレンドレシピ

　色とそのイメージを表す香りをご紹介します。ＷＡＴＣＨアロマフレグランスは、あくまで周囲の空気を変化させるアロマフレグランスです。直接肌につけないよう注意しましょう。なお、＊印は、光毒性のある精油です。肌についた状態で紫外線にあたらないようにしましょう。

## WATCH フレグランスの作り方と使い方

　無水アルコールに各色のアロマオイルを加えて混ぜ、最後に精製水で３倍に薄めて使います（白濁することがありますが、効果は変わらない）。約６か月で使いきりましょう。

### ■赤

生命力あふれる赤のエネルギーをイメージさせる香りです。決めたことを実行に移す、体力と情熱を与えてくれます。また、性的な活力をアップさせ、いつもより大胆な行動に導いてくれるパワーを秘めた香りです。

**香り**　イランイラン　ゼラニウム　クラリセージ

### ■オレンジ

心にたき火のようなあたたかさと明るさを与えるエネルギーをイメージさせる香りです。人間関係の修復やコミュニケーションのパワーと、自律神経のバランス、血行を促します。

**香り**　ネロリ　スィートオレンジ　＊グレープフルーツ　パルマローザ

■ピンク

感情を穏やかにリラックスさせるピンクのエネルギーをイメージさせる香りです。まるごと包まれ、その中で安心し、創造のエネルギーを目覚めさせてくれます。また、若さをよみがえらせたいときにもお使いください。

**香り** パルマローザ ラベンダー ゼラニウム カモマイルローマン ローズオットー

□クリア

心身ともにバランスの取れた最高の浄化を表すクリアなエネルギーをイメージさせる香りです。まだきちんと目的が定まっていない、パーフェクトな人生を目指しているというときにもお使いください。

**香り** ユーカリ ペパーミント ＊グレープフルーツ シトロネラ シダーウッド

■黄色

頭脳明晰、判断力などの黄色のエネルギーをイメージさせる香りです。物事をテキパキとこなし、計画性をもって前向きに進んでいくための香りです。若く、みずみずしい感性を持ちながら、クールな目で適切に物事を判断したいとき、あるいは、ことを成し遂げるために必要な頭脳明晰なパワーを得たいときにお使いください。

**香り** ローズマリー レモングラス ＊グレープフルーツ シトロネラ シダーウッド サイプレス

■黄緑

スタート、再生の黄緑のエネルギーをイメージさせる香りです。新しいことに挑戦し、光に向かって前向きに進んでいく力を与えてくれます。若く、みずみずしい、ワクワクする前向きな感覚を求めているときに。

**香り** ＊ライム レモングラス ＊グレープフルーツ シトロネラ ＊マンダリン サイプレス

## ■緑

森の中でゆっくりとくつろいでいるような精神の安定をもたらす、緑のエネルギーをイメージさせる香りです。周囲の人々との調和やナチュラルで落ち着いた精神状態を得たいときにもお使いください。

**香り**　ラベンダー　ペパーミント　＊グレープフルーツ　ローズマリー

## ■青

自然界では数少ない色でありながら、気高い印象を与える青のエネルギーをイメージさせる香りです。象徴や憧れの対象であり、自分の道を究めていく青の感性に働きかけます。「私は私」と自分にいい聞かせ、前に進んでいこうとするときにもお使いください。

**香り**　ゼラニウム　レモングラス　＊グレープフルーツ　サイプレス

## ■薄紫

宇宙、ひらめきなど、霊的な薄紫のエネルギーをイメージさせる香りです。五感だけでなく、第六感までも含めた判断力を得たいときにもお使いください。

**香り**　シダーウッド　サイプレス　フランキンセンス　ローズオットー　パルマローザ　ラベンダー

## ■紫

悟り、聖なる知恵、そして自己の内なるパワーを追求していく紫のエネルギーをイメージさせる香りです。自己を見つめたいとき、心を静め魂の平安を求めたいときにお使いください。

**香り**　サンダルウッド　ラベンダー　ベチバー　フランキンセンスカモマイルローマン　ジャスミン

# WATCH ハーブティーレシピ

　WATCHハーブティーは、10色ごとに効能をブレンドしています。そのときの気分で10色からお選びください。WATCHアロマフレグランスと異なり、感情に直接働きかけるのではなく、「胃」に温かい飲み物を入れて、副交感神経を優位にする作用を目的としています。どのハーブティーをお選びいただいても、リラクゼーション効果があります。ただし、必ずホットでお飲みください。

　ハーブティーは、そのときどきの気持ちに合わせてお選びいただけます。
●私らしくありたい……1番目のカラーのハーブティー
●ストレスと向き合う……2番目のカラーのハーブティー
●幸せな未来をイメージしながら……3番目のカラーのハーブティー
●ストレス解決を加速させたい……4、5番目のカラーのハーブティー

　また、クリアのハーブティーは、「浄化、リセット」のときにおすすめのハーブティーです。

## ■赤
**キーワード**　前向きなパワーを約束する
**ブレンドハーブ**　ハイビスカス　ローズヒップ　レッドローズ　バジル
**効果・効能**　全身にパワーをみなぎらせるためのブレンドです。肌の若返り、血液の浄化などの作用もあります。前に進むための力を与えてくれます。
＊2〜3倍の濃さのハーブティーをコットンに含ませたパックは肌のくすみを取り去ります。

■オレンジ

キーワード　心が温かくなりますように

ブレンドハーブ　オレンジピール　オレンジブロッサム　レモンバーム　ジャスミン

効果・効能　あなたの心にたき火のような温かさを与えるためのブレンドです。自律神経のバランスを整え、血行を促し、身体の調子を整えます。神経疲労を改善し、清々しい香りのハーブです。


■ピンク

キーワード　あなたがいるだけで幸せ

ブレンドハーブ　ハイビスカス　ピンクローズ　リンデン　ラズベリーリーフ

効果・効能　まるごと包まれて幸せを感じるためのブレンドです。若々しく、みずみずしい感性をよみがえらせ、優しい気持ちを取り戻してくれるハーブです。

＊神経細胞を活性化してシワ、肌質の改善効果もあります。


□クリア

キーワード　いろいろな可能性に気づいて

ブレンドハーブ　オレンジブロッサム　リンデン　レモンバーベナ　ペパーミント　オレンジピール

効果・効能　広い視野で、すべての可能性からあなたに一番合っているものを探すパワーを与えてくれるブレンドです。心身ともにパーフェクトな状態を作り出したいときにおすすめです。倦怠感、不眠、偏頭痛などを緩和し、浄化、むくみ取りにも効果的です。


■黄

キーワード　頭脳明晰に　心の整理を

ブレンドハーブ　ローズマリー　ペパーミント　レモングラス　オレンジピール　レモンバーム

効果・効能　物事をテキパキとこなし、計画性を持ち、前に進んでいく

ためのブレンドです。

　クールな目で適確に物事を判断したいとき、あるいは、ことを成し遂げるために必要な頭脳明晰なパワーを得たいときに、おすすめのハーブです。

＊コレステロールの減少、抗菌、殺菌作用ももっています。

### ■黄緑

**キーワード**　光に向かってチャレンジ

**ブレンドハーブ**　レモングラス　レモンバーベナ　オレンジピール　リンデン

**効果・効能**　新しいことに挑戦し、光に向って前に進んでいくためのブレンドです。

　若く、みずみずしい感性を持ち、ワクワクする前向きな感覚を求めているときにおすすめのハーブです。リフレッシュ効果で細胞を活性させます。

### ■緑

**キーワード**　あなたの心に優しいひととき

**ブレンドハーブ**　＊ジャーマンカモマイル　ピンクローズ　レモンバーベナ　ペパーミント

**効果・効能**　森の中でゆったりくつろいでいるような、心の平安のためのブレンドです。まわりを見つめ、ゆっくりと深呼吸をして、精神を安定させ、平和を感じたいときにおすすめのハーブです。

　神経のバランスをとり、鎮静作用を持つ清涼感のある処方です。

＊キク科のアレルギーの方はご遠慮ください。

＊ミルクとの相性がよいので、ミルクティーにも。

### ■青

**キーワード**　私はわたし。求めるものを。

**ブレンドハーブ**　マロウ　レモンバーベナ　ピンクローズ　ラベンダー

**効果・効能**　見渡すかぎり青い海と空。自分自身が本当に求めているも

のを見つめたいときにおすすめのブレンドです。

　大きな心で周囲と関わりながら、自分を高めていく。「青」の感性に働きかけるハーブです。精神の浄化と鎮静作用もあり、マロウのブルーが貴族的な雰囲気をかもし出します。モナコ王妃グレース・ケリーも愛したマロウのブレンド処方です。

　また、外見も大切にする「青」のあなたを満足させる色の変化もお楽しみください。

＊青→黄色→＋レモンで→ピンクに変化します。


■薄紫
**キーワード**　五感を開放する
**ブレンドハーブ**　ピンクローズ　スウィートミント　レモングラス　ラズベリーリーフ
**効果・効能**　宇宙、ひらめきなど「薄紫」のパワーを高めてくれるブレンドです。

　五感すべてを豊かにし、それ以上の第六感までも研ぎ澄ます浄化、精神の安定などの作用のあるブレンドです。

　また、レッドローズの「若返り効果」も期待できます。


■紫
**キーワード**　あなたの心を満足させる
**ブレンドハーブ**　レッドローズ　ペパーミント　リンデン　ラベンダー
**効果・効能**　夜、瞑想などの「紫」のパワーを高めてくれるブレンドです。

　精神的な安定を取り戻し、自分にとって必要な「内なるパワー」を与えてくれる処方です。

　心を鎮静、浄化させ、神経のバランスを整え、ストレスをケアします。眠れぬ夜にもおすすめのブレンドです。

## 「奇跡の人生」を生きるあなたに

　人間が生まれる確率は、1億円の宝くじに100万回連続で当選するよりも低い確率だと、聞いたことがあります。

　そんな奇跡の確率でこの世に生を受けたからには、「私がこの世を去るときまでに、私が生まれてきたときよりも、少しでもワクワクする世の中をつくりたい」と思ってきました。そうすれば、私の人生にも「生まれた意味があった」ということになります。

　私が開発したＷＡＴＣＨセラピーは、多くの人に幸せでワクワクした人生を届けられると信じています。このＷＡＴＣＨセラピーは、セラピーをする人、受ける人、どちらにも幸せを運んでくれます。それは、納得して生きることの大切さを教えてくれるからです。

　人生100年時代といわれ、寿命だけが長くなっても「納得できない人生を長く生きる」のは、ただ虚しいだけのような気がします。

　情報が無限に湧き出しているように感じる世の中で、「何を選ぶのか、自分が納得する人生はどこにあるのか」、そんな疑問が湧いてきます。

　だから、周囲の人と比べて幸せの度合いを測る人生を過ごし、一生を終えてしまいそうなあなたにいいたいのです。「奇跡の生を授かってこの世に誕生したのに、自分の生を生きなければ、もったいない」と。

「情報が無限に湧き出しているように感じる世の中」を冷静に見渡してみると、「自分が幸せになるための情報」は、何一つ発信されていないことに気づくでしょう。

　でも、それはあたりまえなのです。あなたが幸せになる情報は、あなた自身でつかまえに行かなくてはならないからです。ただ立っているだけでは、「幸せ」というボールをあなたに手渡してくれる人なんていないのです。

　ほかの人と同じことをして連帯感を共有しているふりをしても、あなたが納得する幸せを手に入れなければ、100年の寿命はただ長くツライだけです。

　この本を使って、あなた自身が納得する人生に気づいてください。
　そして、愛されるためにまず誰かに愛を与えてください。

　最後に、この本を編集してくださったＢＡＢジャパンの福元様、そしていろいろ相談にのってくださった富永様、ＷＡＴＣＨセラピーの本に文章をお寄せくださった皆様にも感謝いたします。
　そして、いつも心から応援してくれる人生のパートナーである主人に感謝します。
　最後までお読みいただき、ありがとうございました。

夜久 ルミ子

＊この本の印税は、「こどもの心のケア」のために、「ＷＡＴＣＨリヴァイブ協会・こども部会」にすべて寄付させていただきます。

# 著者紹介

## 夜久ルミ子（やく るみこ）

RUBYZ 主宰。薬剤師、セラピスト。薬科大卒業後、病院勤務でホリスティック医学に興味を持ち、鍼灸、マッサージの資格を取得。「薬もわかる東洋治療家」として開業するが、心身双方からのケアが大切と痛感。美容系の資格も取得し、心身のストレス、美容にもアプローチする施術を開発。日本でただ一人のビューティー総合資格保持者。著書に『深部（ディープ）リンパ療法コンプリートブック』（小社刊）、『やせスイッチを押せば驚くほど細くなる　深部リンパ開放マッサージ』（西東社）、DVD『筋肉最深部のリンパ節まで開放する！　ディープリンパマッサージ』（小社刊）。

一般社団法人 WATCH リヴァイブ協会サイト
https://watch-therapy.jp/
・WATCH セラピーで使用するカラーボトル、アロマフレグランス、ハーブティーについてのお問い合わせも上記へ

五感を癒やして「本当の自分」を知り
ストレスを「チャンス」に変える

# 気づきの心理療法
## WATCH セラピー

2020 年 3 月 5 日　初版第 1 刷発行

著　者　　夜久ルミ子
発行者　　東口敏郎
発行所　　株式会社 BAB ジャパン
　　　　　〒 151-0073 東京都渋谷区笹塚 1-30-11　4・5F
　　　　　TEL　03-3469-0135　　FAX　03-3469-0162
　　　　　URL　http://www.bab.co.jp/
　　　　　E-mail　shop@bab.co.jp
　　　　　郵便振替　00140-7-116767
印刷・製本　中央精版印刷株式会社

Design　Kaori Ishii
Illust　Suetsumu Sato

# WATCHセラピー
# カラーカード

※点線で切り取ってお使いください。

赤

黄

黄緑

緑

青

薄紫

紫

黄緑

緑

青

薄紫

紫